「学力日本一」の村

秋田・東成瀬村の一年

あんばいこう

無明舎出版

「学力日本一」の村＊目次

I

II

Ⅲ

Ⅳ

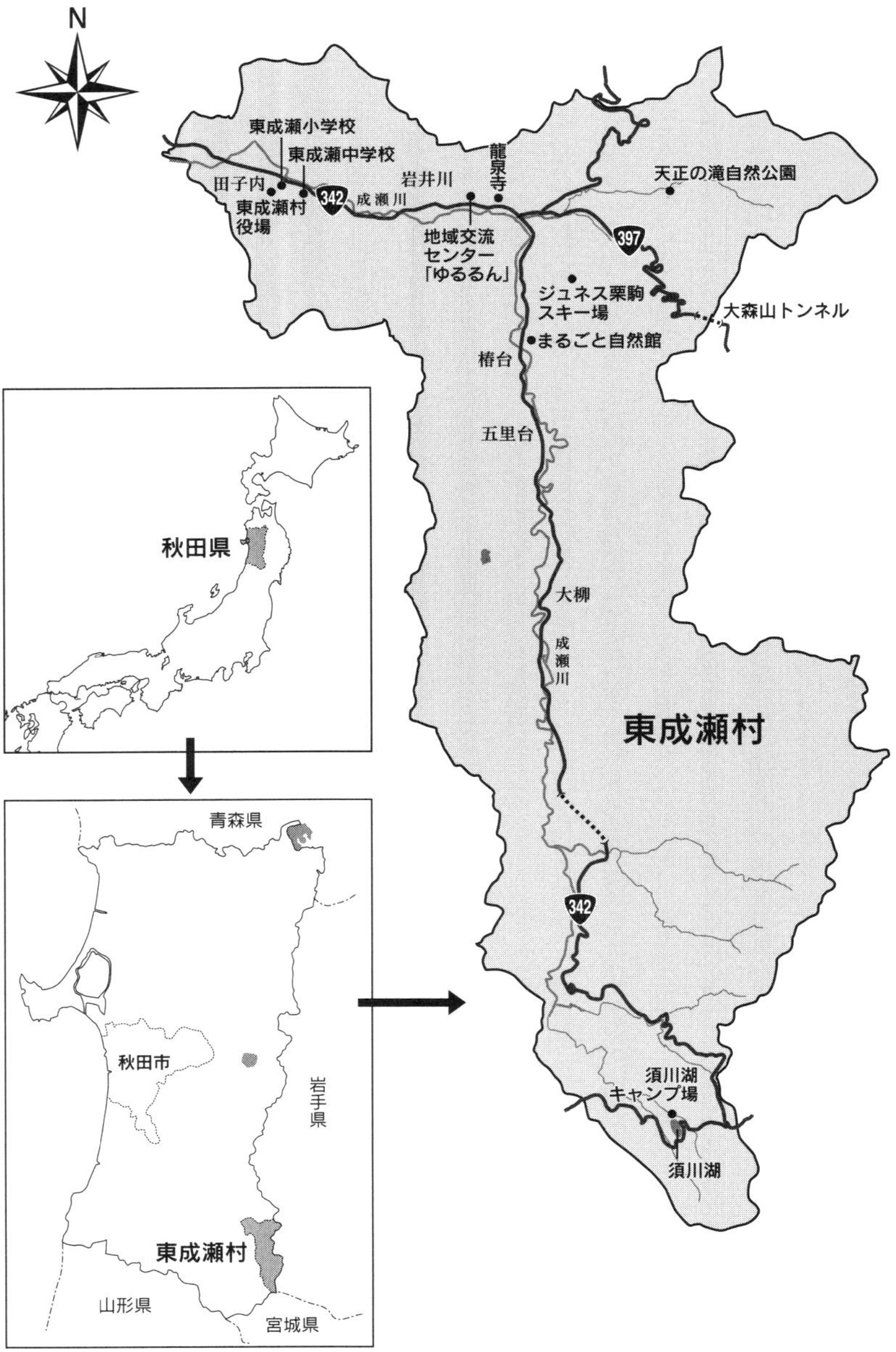
N
東成瀬小学校
東成瀬中学校
田子内
東成瀬村
役場
342
成瀬川
岩井川
龍泉寺
地域交流
センター
「ゆるるん」
天正の滝自然公園
397
ジュネス栗駒
スキー場
大森山トンネル
まるごと自然館
椿台
五里台
大柳
成瀬川
東成瀬村
342
須川湖
キャンプ場
須川湖
秋田県
青森県
秋田市
岩手県
東成瀬村
山形県
宮城県

「学力日本一」の村

――秋田・東成瀬村の一年

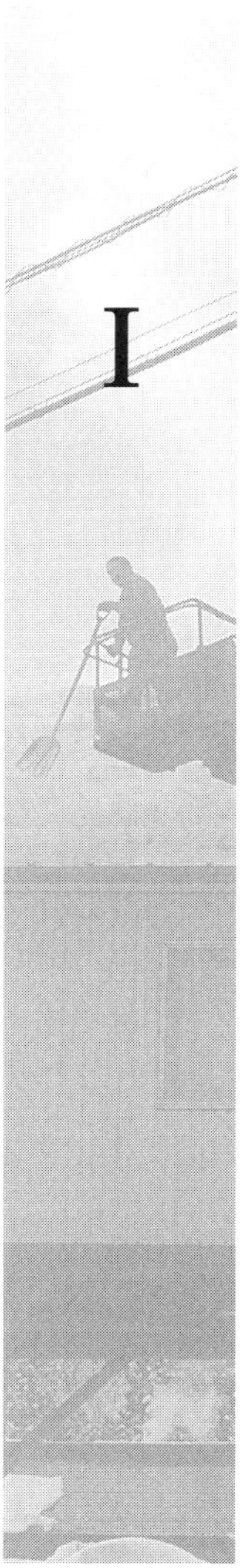

I

豪雪を見に行く

東成瀬村に「豪雪」を見に行く。二〇一八年二月二十二日のことだ。秋田市とは「気象情報」がまるで違う。同じ県内同士の人たちが「暖冬でたすかりますね」とか「こんな雪は経験したことがない」と、真逆の会話を交わしている。そのことに奇異な感じがしたからだ。

私の住む秋田市は例年並みの積雪だ。雪下ろしが必要なほどの積雪はこれまでもほとんど経験したことがない。

しかしメディアは連日「豪雪」や「厳冬」「異常気象」のニュースを繰り返し報じている。

一週間前、スノーハイキングで県北部にある七座山《ななくらやま》（能代市二ツ井町）に遊んだ。

山にも町にも雪はほとんどなかった。日本海沿いにある本荘・由利地方にも出かけたが、雪はすっかり消えていた。

「県内豪雪」は、もしかして県南部地域限定のものなのではないか。

その県南部では、あまりの積雪量に精神的にも肉体的にも疲弊した高齢者の生活困窮者まで出ているという。同じ県内に住んでいるのに、まるでその実感を共有できない。

まずはちゃんと現地に行って確かめてみたほうがいいようだ。

東成瀬村の友人に「雪の状況を取材したい」と連絡を取ると、

「三メートルを超す雪の壁があり、来ても車を駐車する場所がないですよ」

といわれた。やはり、県南部の大雪は深刻なようだ。

雪国ではめったにない、澄み渡った青空が広がっていた。

気温は零下二度。積雪量に差があっても、今年が寒い冬だったことは共通している。

専門的にいえば「温暖化がもたらした厳冬」なのだそうだ。

秋田市の秋田自動車道中央インターから湯沢横手道路・十文字インターまでは約一時間。

高速道はきれいに除雪され、走行にはなんの問題もない。途中の大曲インターあたりから道路脇の雪の壁が少し高くなった。豪雪地域に近づいている。

十文字インターを降り、国道三四二号に入ると風景は白一色に。車のウオッシャー液が凍るほどの寒さだが、道路は除雪が行き届き地肌がむき出しで黒々としている。雪の深い地域ほど除雪作業は丁寧で美しい。同じ県内でも除雪技術には地域ごとに差がある。県南部は秋田市などに比べると格段に除雪技術が優れている。経験の差なのだ。

国道を十五キロほど東進すると、秋田県最南部に近い東成瀬村に入る。

ちなみに県内には三つの村がある。

県北部の上小阿仁村、中央部にあるモデル農村・大潟村、そしてこの東成瀬村だ。

東成瀬村は東は岩手県、南は宮城県と県境を接している。地形はローマ字の「T」型で南に細長い。行政や公共機関のほとんどがT字の左肩の部分に集中している。

村に入ると雪量は増した。

中心地・田子内集落は道路の地肌も見え、役場の駐車場もきれいに除雪されていた。

ここからさらに五、六キロ東進すると、道路は二つに分かれる。左に行くと国道三九七号で岩手県奥州市に抜ける。その途中にはジュネス栗駒スキー場や焼石岳登山口がある。

三四二号をそのまま南進すると雪量はさらに増した。道路脇の壁はゆうに二メートルを超し、風景は雪の壁に閉ざされ前方以外の眺望がきかなくなった。

「まるごと自然館」のある椿台集落付近から雪壁は三メートルを超えた。

さらに成瀬川沿いに並行して走る三四二号沿いを走ると五里台集落に入る。

道路脇の雪壁は五メートル近くになった。屋根の雪下ろしの雪が積雪の上にさらに積み重なり、この高さになっているのだろう。

この先にも小さな集落はあるが民家は少ない。

南下を続ければ観光地である須川温泉や栗駒山に通じる。夏場のシーズンには全国各地から観光客が押しかける道でもあるが、今は途中から通行止めになっている。


好天だったこともあり、村のいたるところで雪下ろしの光景が見られた。

驚いたのは、電線などの修理工事で使うクレーン車を使って高所の雪下ろしをしている人がいたことだ。屋根にあがるのは危険と判断してのことだろうが、クレーン車で雪下ろしというのは初めて見た。

路上に設置されている防火用消火栓の掘り出しも重要な除雪作業だ。

しかし、ここまで積雪量が多いと消火栓を一つ一つ雪の中から掘り出すのは不可能だ。そこで道路側から雪壁をトンネルのようにくりぬいて消火栓を露出させていた。

路上からは壁面に穴が開けられ、その奥に消火栓が見えている。

消火栓の真上の雪を掘り下げるより、真横の雪を掘り進む方が簡単なのだ。消火栓は路上に鎮座するお地蔵さんのようだ。

玄関先で雪かきをする人たちがいた。周りの雪壁の高さと比較して人間があまりに小さい。雪の壁は人間の背丈の何倍もの高さがある。雪壁の隙間に人間一人が通れるほどの細いスペースがあり、その先に民家の玄関がのぞいている。

村を一通り見まわった後、役場に寄る。役場横には「豪雪対策本部」が設置されていた。カウンターの女性職員に、「今年の雪はどうですか?」と訊いてみると、

「ここ二、三年、雪が少なかったので、なんだか久しぶりの豪雪って感じですね」

と朗らかな答が返ってきた。

役場裏に積雪を図る観測ポイントがあり、そこの積雪が二メートルを超えると自動的に「豪雪対策本部」が設置される仕組みだそうだ。

「豪雪対策本部が解散するのはいつ頃になりますか?」

「五月までは解散できないですね。雪が消える頃の雪崩が、実は豪雪のときは一番危険なんですよ」

村での豪雪被害の多くは雪崩によるものだ。実は消えかかりのやわらかい雪が怖いのだそうだ。除雪よりも排雪のほうが重労働でお金もかかるのと同じ理屈で、こうしたことは雪国に住んでいなければわからない。

村が観測史上最高の積雪量を経験したのは、「四八豪雪」といわれる一九七四(昭和四十九)年のことだ。このとき田子内観測地点では積雪四二〇センチを記録している。

前年十一月十八日の初雪がそのまま根雪になり、十二月五日には積雪一二〇センチまで達した。年を越して一月には積雪は三メートルを超し、電話線が断線、そのため桧山台地区が

孤立し、田子内伊達堰の溢水など、雪のトラブルが相次いだ。

「あの時は家の雪下ろしじゃなくて、雪堀りの日々だった」

と古老たちは振り返る。

東成瀬―湯沢間のバス運行もストップし、村では高校生の通学のためにマイクロバスを臨時出動させた。それでも帰りの足はなかなか確保できず、増田高校に通う高校生たちは午前中で授業を打ち切り、四時間かけて歩いて村まで帰宅したという。

雪崩の危険もあったので、住民総出の除雪作業が行われたが、この時期は男手の多くが首都圏に出稼ぎ中で思うように除雪ははかどらなかったという。


対策本部の掲示板には積雪情報が表示されていた。

昨日二十一日の村の積雪量は一三センチ、今日は好天のせいか四センチしか降っていない。前日までの田子内集落の積雪量は二二〇センチ、岩井川集落は二三七センチ、椿川集落は二六二センチ、大柳集落は三三九センチ。南下するほど積雪量は増えていく。

表示板には村の現在人口数も記されていた。

二〇一八年一月末現在、東成瀬村の世帯数は八七〇世帯、人口は二六〇〇人（男一二五五人、女一三四五人）だ。

シカがいた！

東成瀬村は私の住む秋田市から一〇〇キロほど離れている。高速道にのれば約一時間で到着できる。高速道が通っていないころは日帰りなどとても不可能な遠隔地だった。まして雪の季節は村に入ることすら難しかった。奥羽山脈の懐に抱かれ、東は岩手県、南は宮城県に接し、総面積の九三パーセントが山林原野の村だ。東西一七キロ、南北三〇キロの細長い地形で、村の中央部を南北に成瀬川が縦断している。

この川に沿って国道三四二号が並走し、道路沿いに大小二〇近くの集落が点在する。村の中央を貫通する三四二号は大動脈だ。その道路上に生活やインフラの重要な施設や機能がほぼ集まっている。行政区としては北から田子内、岩井川、椿川の三地区に大きく分けることができる。椿川の先には大柳集落もあり、昔はこの四地域に小学校、中学校のそれぞれの分校があった。

雪の季節になると外への移動が困難になるため、小さな集落ごとに学校が必要だったのでである。

　現在、小・中学校は田子内地区一か所に統合されている。田子内には保育園や村民体育館、診療所、農協、郵便局などの行政機関がすべて集中している。

　いわば村のセンター区域である。

　南北に走る一本の国道に集落のほとんどが寄り添っているので、地理的にはコンパクトで便利なのだが、行政的区分は実にわかりにくい、というか複雑怪奇といっていい。

　東成瀬村は雄勝郡に属している。地域行政は湯沢市と一体だ。だから選挙区は「湯沢・雄勝郡」に属するが、その湯沢市との間には山々が連なり地理的な接点はないのだ。

　湯沢市に行くためには横手市を経由するしか行くすべがない。

　主要道路はすべて横手市と通じ、生活圏は横手市となじみ深い関係にある。

　電話の市外局番も横手と同じ「〇一八二」で、湯沢市の「〇一八三」は使用されていない。郵便の集配業務も横手市十文字郵便局だし、警察の管轄も横手警察署なのである。

　行政区は湯沢・雄勝に属しているのに、実際の生活や行政サービスは横手・平鹿地区に依存している。選挙区と生活圏が乖離している、珍しい村といっていいのかもしれない。

　豪雪を見に行った一週間後、村で小さな事件が起きた。

　ニホンジカの生息が確認されたのである。

二〇一八年二月二十八日午後二時ごろの出来事である。場所は成瀬採石場で、角の生えた成獣が歩いているのを採石現場事務所で働いていたTさんが目撃し、撮影に成功した。

写真はさっそく村の公式HPにアップされた。

村でニホンジカの生息が確認されたのは、もちろん初めてだ。

「シカなんて、村にいるはずがない」というのが村民の共通した認識だった。

江戸時代、武士にとって武具や備品（太鼓の皮や防寒具）にシカの皮は必需品だった。そのため佐竹氏も秋田転封時にシカを連れて入部したといわれている。

当時、雪の深い秋田にニホンジカはいなかった。とはいうものの秋田県内で発掘された縄文遺跡にはシカやイノシシの骨で作った猟具類などが多数発見されている。今より温暖だったといわれる縄文時代にはニホンジカもイノシシも秋田にはいたのだ。それ以降は寒冷化が進み、ニホンジカの存在を確認する史料は江戸時代まで待たなければならない。

その佐竹氏の城で飼われていた四頭（三頭という説もある）のシカが野に放たれた。

一六四九年のことだ。そのシカたちは年々増殖を繰り返し、ついには数万頭にまで膨れ上がり、農産物被害が深刻になる。藩はマタギを動員しシカ狩りに乗り出す。そして六十年余で五万五千頭ものシカを捕殺した。

その結果、江戸期後半にシカは皆無となり、秋田からはいなくなった。

近年、暖冬化の影響で岩手県側から続々とニホンジカが秋田側に流入していることが明らかになった。それでも岩手や宮城と県境を接する東成瀬村ではシカの生息は確認されていなかった。目撃情報がなかったのである。

ところが昨年（二〇一七）十月二十三日、五里台に住む杉山彰さんが、湯沢市でのギター教室を終え車で帰宅途中、役場前で突然道路に飛び出してきた「角のある動物」と遭遇した。避けようと急ブレーキをかけた。夜だったのではっきりとなんの動物かは確認できなかったが、大きな角の存在から「カモシカではない」ことだけはわかった。

目撃の翌日、たまたま村で取材中だった私は杉山さんからこの話を聞いた。

「役場か猟友会の人に、その情報を伝えましたか？」

と訊くと、誰にも話していないという。ちょうどその日、取材予定だった村議会議長ながら猟師でもある冨田義行さんにその話を伝えると、

「エッ、村にシカ！　う〜ん、調べてみるけど、ちょっと考えられないなあ」

との返事だった。

その後、冨田さんからは、「猟友会に聞いてみたけど、誰もシカを見た者はいない」との結論が寄せられた。杉山さんが見たのはカモシカか大きな犬の類ではないのか、というのだ。

そして杉山さんの目撃の日から四か月後、村の長い厳冬期を生き延びてニホンジカは忽然と再び姿を現した。

いっときはその存在に否定的だった冨田さんもショックを受けたようだ。

村の公式ＨＰにニホンジカの写真をアップしたのは冨田さん自身だった。

村に入ってきたニホンジカはこの一頭だけなのだろうか。

近くの山に番（つがい）かいるのではないか。しかし村でシカが繁殖し群れをつくるのは難しい、というのがマタギでもある冨田さんの考えだ。

「村の半年間は雪深い季節。クマは冬眠するから捕獲がむずかしいが、冬眠しないシカやイノシシは雪深い地域では隠れる場所がない。動作ものろいし、簡単に捕獲されてしまう。生き延びるのがむずかしい」

狩猟文化の発達した東成瀬村では、獲物たちは増殖する前に鉄砲撃ちたちの絶好の的（まと）になってしまう可能性が高いのだ。

三月に入ると豪雪の村にも春の気配が感じられるようになった。

周辺の雪が少しずつ消えてその高さが低くなっていく。

三月九日、村民体育館で東成瀬中学校の卒業式があった。

中学の卒業生たちは二十一名。インフルエンザが猛威を振るい、小学生の卒業式には欠席者も目立ったが、中学生は元気に全員が顔をそろえた。

その卒業生の中には、シカの発見者でもある杉山彰さんの長女、春（はる）さんの姿もあった。

杉山彰・あおい夫妻は二十年前、つても縁もない村に突然移住してきた夫婦だ。二十八世帯八十人ほどの小さな集落である五里台に、田畑付き家賃二万円の格安物件を手に入れ、村での生活をスタートさせた。

雪の多さに驚き、近隣住民の支援に背中を押され、三人の子供に恵まれ、自給自足の暮らしは今も続いている。

五里台集落で初めて養鶏業に取り組み、今では五十平米の鶏舎で百五十羽の鶏を飼っている。その赤玉の有精卵の販売ルートも開拓し、鶏糞は田畑にも利用、有機野菜を首都圏に売り込み、村と都市を結ぶネットワークづくりにも熱心だ。

彰さんは農業以外にも得意のギターで村外に教室を持ち、時には家族でコンサートも開く音楽好きでもある。

人口減少と高齢化に悩む村にとって、移住して村に溶け込み、家族を増やし、しっかり村民の一人となった杉山家は、特別な存在でもある。

その村で生まれて育った長女が、中学を卒業したのだ。

これは杉山家だけでなく、村の人たちにとってもうれしいニュースにちがいない。

ヘンな若夫婦

私が東成瀬村に関心を惹かれたのは、村に移住した杉山夫婦との出会いからだった。

都会から「ヘンな夫婦」が東成瀬村に移住し、面白いブログを発信している、という話を聞いたのは二〇〇〇年ごろだった。

杉山夫婦は『家族通信　んだすか』（そうですか、の意味の秋田弁）というブログを発信し、田舎暮らしの喜怒哀楽を軽妙に綴っていた。

村暮らしの失敗や無知を正直にさらけ出し、田舎の建前と本音の板ばさみになりながらも村の暮らしを楽しんでいた。

ビンボー暮らしや村人たちの献身的なサポートも新鮮な感動を与えてくれた。

「これは本になる！」というのが編集者である私の直感だった。

さっそく連絡を取り、ブログをもとに本を作る了解を得た。

過去のブログの文章群から夫婦それぞれテーマに沿った本を二冊編むことにした。

夫である彰の文章は『「時代遅れ」入門日記』という書名で一冊にまとめた。サブタイトルは「何もない田舎で豊かに暮らす」。

っても縁もない村に突然移り住んだ若夫婦が直面する問題の数々をユーモラスに描いたものだ。「田舎暮しは思った以上にカッコ悪い」という意外なスタンスが、ありがちな田舎賛美本とは一線を画している。

妻のあおいのほうは「食べ物」をテーマにセレクトした。書名は『田舎暮らしご馳走帖』だ。サブタイトルは「あおいの〈村と農〉大食い日記」。

都会から田舎に引っ越したはいいが、実はあおいはケーキとコーヒーが大好物。筋金入りのアウトドア派のあおいにとって田舎暮らしは屁でもないが、弱点はケーキとコーヒーに目がないこと。村ではケーキもコーヒーも簡単に手に入らない。ならばやけくそだ。村で手に入る食べ物は片っ端から喰ってやる。という鼻息荒いグルメ女子日記だ。

夫婦それぞれの二冊の本は、売れ行き好評で、県内ではけっこう話題になった。

この本がきっかけで夫婦の知名度は村以外にも広まることになる。

その五年後の二〇〇八年、彰の得意な漫画で、自分たちの田舎暮らしを綴った『村に生きる――杉山家のひとびと』という四コマ漫画を刊行した。

さらに二〇一一年、杉山家とは直接関係ないテーマだが、一人の漫画家として彰さんにコミック・エッセイの書下ろしをこちらから依頼した。

秋田名物といわれる、その多くが謎につつまれた路上アイス「ババヘラアイス」のルーツや誕生秘話、舞台裏を描いた『ババヘラ伝説』だ。

編集部で原作を書き、それをもとに彰さんに漫画化してもらったものだ。

二〇一五年には、自給自足生活十五年周年を記念してコミック・エッセイ『秋田の村に、移住しました。』を出版。極楽、赤貧、下流な日々を家族五人でたくましく生き抜く姿をユーモラスに描いている。

その翌年には、『マンガ あきた伝統野菜』を上梓。これは地域文化のエキスがつまった秋田由来の野菜たちの物語だ。

ほぼ同時期に『マコちゃんとヒロシさん――マンガ・居酒屋「日本海」物語』も出版。秋田県横手市に実在する人気居酒屋「日本海」を舞台に、客になりたいマスター・マコちゃんと、マスターになりたい客のヒロシさんがくりひろげる、飲み屋さんの物語だ。

こうして約十年間に七冊の本を出した。

いきおい、この間、しばしば東成瀬村に杉山家を訪れる結果になった。

高学歴にもかかわらず、夫婦とも低姿勢で謙虚だ。

それはすぐに集落の人たちにも認められることになる。農業と真摯に向き合い、身の丈に合った暮らしに満足し、近隣の人たちと垣根をつくらず、するりと溶け込んだ。

特に妻のあおいの順応力というか「野生力」には目を見張るものがあった。

もともと「通勤するような生活は絶対に嫌」というアウトドア派のあおいは、ヘビも小動物もまったく苦にしない。山菜やキノコ採りも得意で、厳冬の寒さも腹筋運動で乗り越えるほどパワフルな女性だ。どんなものでも食べられるし、雪も苦にしない。村暮らしがもともと性に合っていたのだ。

杉山彰は一九六五年、埼玉県大宮市（現在のさいたま市）に農家の三男として生まれた。東京外国語大学ドイツ語学科を中退し、いくつかの職業を経て農業に目覚めた。もともと実家は農家だったので、両親の死後は実家の田畑を耕し、鶏を飼っていた時期もあった。

一九九九年、あおいと出会い結婚、それを機に縁もゆかりもない東成瀬村への移住を決めた。といっても東成瀬村を選んだ理由らしき理由があるわけではない。行き当たりばったりの選択だったという。

あおいは一九七一年、東京都町田市に生まれた。慶応大学時代はワンゲル部に所属し、山三昧の日々。大学卒業後も山への思い断ちがたく都内の登山用品店で働き、ここでも山漬けの日々を送った。山以外のことにも少しは目を向けようとボランティアで働き始めたのが、さいたま市の障害児学童保育所「風の子クラブ」だった。ここで同じボランティアの杉山彰と出会い、結婚。東成瀬村への移住を決めた。

結婚した年、たまたま訪れて気に入った東成瀬村にそのまま居ついてしまった。

五里台に田畑付き家賃二万円の格安物件を見つけ、軽自動車に同乗していた鶏二十八羽とともに、カメムシだらけの中古住宅で深く考えることもなく新婚生活を始めた、というのだから驚く。夫婦にとれば「のんびり生活」「晴耕雨読」「健康的な日々」が共通のあこがれで、それ以上望むものはなかった。この村ならそれが実現できる。

村暮らし二年目にはタカネミノリ二百四十キロ（七アール）を収穫している。

無手勝流と言いながらも最低限のライフラインは周到に確保して、移住生活のスタートをきっている。

四年目に長女の春（はる）が生まれた。養鶏も二百羽に増え、ヤギも懐妊した。米も小麦も味噌、卵、鶏肉、ヤギ乳も自給できるようになっていた。

六年目にはテレビ東京の「ニッポンの超節約家族」に出演。あおい得意の「肉なし焼肉」が高く評価され「一級節約家族」の称号をもらった。野菜を炒めて焼肉のたれで味付けしただけの、ようするに肉なし野菜炒めだ。

寒さに弱い彰は、冬、寝るときに子供を抱いて湯たんぽ代わりにし、豆炭カイロも併用しながら、やっとのことで厳冬を乗り切った。

七年目も取材が相次いだ。「下流な人々」「ケチケチ家族」「ワーキング・プアー」「ビンボーさん」「スローライフ」「アーリーリタイア」といった言葉が躍るメディアには、必ず杉山家が登場するようになった。借りた農地も一ヘクタールを超えた。

八年目には次女の咲（さき）誕生。

彰は自作のフォークソング「田園ポップス」のＣＤを完成させ、発売までこぎつけた。

九年目に入り余裕が出てきたのか彰はギター教室を始める。あおいは山菜、キノコ採りがプロの領域に入り、村で幻のキノコといわれる「シシタケ」を採り、話題になった。

十年目、長男の秋（しゅう）誕生。

この年、宮城・岩手内陸地震。結婚十周年をステーキで祝う。

十一年目は「移住十周年」ということでテレビ取材も多かった。

彰はこの年体調不良で寝込むこともしばしば。

「もう農業は体力的に無理。塾の先生でもやるから、あおいは山菜・キノコ採りのプロになって稼いでくれ」

と弱気になり、ギブアップ宣言も。

十二年目は東京から友人の齋藤夫妻が村への移住を決め、仲間が増えた。

卵を売り、野菜を作り、ギターを教え、山菜、キノコを採る。

少しずつ理想の生活に近づいている手ごたえが出てきた。

十三年目の三月十一日、東日本大震災が発生。村も停電となったが、薪ストーブ生活なので不便は感じなかった。パワフルな妻は村の雪下ろし作業で男たちに交じって現金を稼ぐ。

十五年目には彰念願のギター教室第一回発表会開催。この年一年で七回も家族総出演のファミリーコンサートを開いた。この年、悲願のこたつを導入した。

縄文の遺跡

秋田市にある秋田県立博物館のメイン・コーナーは人文展示室「人とくらし」だ。その巨大な展示室の真ん中は通路になっていて、時代別の展示物を順次に見ていくことができる。実物資料もあれば、映像や模型、原寸大の竪穴式住居や江戸商家などの復元もある。資料を通して各時代の人々の営みが肌で感じられるように効果的に配置されている。

その展示室入り口に、ガラスケースに入ったひときわ意味ありげな特別展示品がある。国の重要文化財である「大型磨製石斧」だ。六〇センチほどの棒状の、マンモスの骨のようにきれいに磨かれた艶のある四本の石棒が宝石のような扱いで展示されている。祭祀や婚礼の贈り物に使われたとされる石斧で、東成瀬村から出土した縄文時代の遺跡だ。

この石斧が出土した場所を見に行くことにした。

十文字インターを降り国道三四二号を一五分ほど東進すると、増田と東成瀬村の境界線上に表示塔がある。村のシンボルである仙人像のマンガが描かれたユーモラスな塔だ。

ここから村は始まるのだが、直進して五分もすると山側に入っていく小道がある。

そこを小高い丘に向かって三百メートルほど登ると「上掵遺跡《うわはば》」がある。世界で最も大きな縄文時代の磨製石斧四点が発見された場所である。

丘の上は田畑が広がる平地だ。その平地まで登る坂の途中の農道側溝に遺跡の看板があった。方向指示がないので遺跡発見の場所なのか、よくわからない。

丘の上で農作業をする人に訊いてみようと坂を登り始めたら、看板の後方から作業服姿の男性が姿を現した。

「朝一番で小学四年生の遺跡見学会があるので、その準備をしているところです」

郷土文化保存伝承施設「東成瀬村ふる里館」館長で、縄文遺跡を研究テーマにする桜田隆館長その人だった。遺跡発掘の場所を訊くと、看板の場所そのものが発見場所だそうだ。

「ここは本当は菅生田掵《すごうだはば》という地域なんですが、学術誌で上掵地区と報じられたので、〈上掵〉という名前が独り歩きしてしまったんです」

すごい事実をサラリと打ち明けてくれた。

上掵はこの地点よりももう少し東側に位置した地域名なのだそうだ。

上掵は地域名だが「掵」とは河岸段丘を意味する言葉。川の中流、下流で流れに沿って発達する階段状の地形のことで、珍しい地名というわけではない。

遺跡発見当時のことを、村教育委員会がまとめた『上掵遺跡内容確認調査概報』や冨樫泰時著『おもしろ秋田むかし考』などを参考に発掘の経過をたどってみよう。

一九六五（昭和四十）年秋、この地域で農道側溝のための工事が行われた。作業員の二人は地面からわずか五十センチほど掘り進めたところで、四本が一塊になった状態の石器を掘り出した。

そこに通りかかった（といわれている）後藤惣一郎さんは、その石器を自宅に持ち帰り、洗ってみると、きれいに磨かれた緑色の石器だった。

傷ひとつなく、大きいものは四・四キロもあり、長さは六十センチもあった。

この情報はすぐに、当時、湯沢高校教諭で考古学を専門とする山下孫継のもとに持ち込まれた。

山下による緊急調査の結果、石器は石斧で約六千年前の縄文前期のものと推定された。

出土状態は驚くべきものだった。

地下五十センチの場所に四本が整然と並び、刃先はすべて西向きに揃えられていた。

石器として使用した痕跡はどこにもない。実用品ではなく、何らかの儀式用に作られた磨製石斧のようだ。さらに驚いたのは、過去の世界の発掘記録を見ても、この石斧の大きさは世界最大級のようなのだ。

しかし、石斧発見は世間を驚かすような大きなニュースになったわけではなかった。

山下らによる地道な研究は続けられたが、現物は発見者の後藤惣一郎氏の「私物」として、以後、人目に触れることなく後藤家に秘蔵されることになる。

発見から数年後、朝日新聞社主催の「縄文人展」が東京で開催されることになった。展示資料の相談を受けた当時の県教育庁文化課学芸主事の冨樫泰時は、この石斧のことを思い出した。そして展示を依頼するため後藤宅を訪ねた。

後藤は奥さんと二人暮らしで、「家宝にしているので、どこにもやれない。ただし展示なら貸してもいい」ということになった。

こうして石斧四点は、東京の地で初めて人々の目に触れることになったのである。

この展示から間もなくして後藤は病没、奥さんも東成瀬村を離れ、「家宝」も一緒に引越した。

冨樫は石斧を秋田県立博物館の保存品にすべく、博物館の考古学担当の庄内昭男に後藤家との折衝を依頼する。

交渉の結果、後藤家では博物館の熱意にほだされ、石斧を博物館に収めることに同意した。一九八七（昭和六十二）年、庄内は「考古学雑誌」にこの石斧についての論考を発表する。この時点で石斧は全国の考古学者たちに知られることになる。

そして翌年、四点の大型磨製石斧は国の重要文化財に指定される。

秋田県にとって極めて重要な縄文遺物にもかかわらず、人口に膾炙《かいしゃ》しなかったのは、発見から重文指定まで二十年以上の歳月が経過している時間的ブランクがあったためかもしれない。

二〇〇八（平成二十）年、東成瀬村教育委員会は「縄文ロマン事業」として「上掵遺跡」の学術調査に着手した。その責任者が桜田隆館長だ。

調査が進むにつれ、さまざまな驚くべき事実が分かってきた。

上掵遺跡の最西部の菅生田掵地区では縄文前期後半、今から五千二百年前に大きなムラがあったことが分かった。

長さ一四メートルの小判型に地面を掘りくぼめ、柱を建て、カヤなどで屋根をふいた大型の竪穴建物跡や墓、穴に埋められた土器、長方形に並べられた石などが見つかり、ここが祭りや祈りの場として使われ、遠隔地との交流、交易も行われていた。

東成瀬は成瀬川流域の中心的なムラだったことが明らかになったのである。

秋田県南部を縦断する雄物川の一支流である成瀬川右岸の河岸段丘に広がる畑地には、なんと四か所もの縄文時代の住居跡が残っていたことが判明したのである。

さらに驚くべきことが二〇一六（平成二十八）年、秋田魁新報に載った。

磨製石器は、明治大学の中村由克客員教授の石材鑑定で、北海道日高地方の平取町で産出される緑色岩の一種「アオトラ石」で作られていたことが分かったのだ。

三内丸山遺跡から見つかった磨製石斧も六割程度がアオトラ石製だった。

さまざまな石材がある中で、わざわざ海の向こうからはるばる運ばれてきた石を使ったのは、石斧にそれだけ価値を持たせたかったからだろうか。

それまで石斧は「緑色凝灰石」と言われてきたのが、そうではなく直線距離にして四〇〇キロも離れた場所から津軽海峡を越えて運ばれてきたものであることが村民を驚かせた。

「まだ、どのようにして石が運ばれたのかよく分かりません。でも成瀬川の上流を辿ると石は岩手の一関側から、土器は宮城県側から多く運ばれたようだ、というところまでは分かっています」

と桜田館長は言う。

磨製石斧は、平らな石の表裏を砥石で擦って溝をつけ、薄くなったところを折る「擦り切り手法」で作られる。縄文時代に東日本の広い地域で行われていた手法でもある。

定住の地を求めた原始の人類は、木々を伐採し、森を切り開き、集落を築いた。

最近の研究では縄文人が集落の周辺にクリやウルシを栽培し、それらの林を維持管理していたことも分かっている。これらの作業に必要なのが磨製石斧だ。

石斧は古代の人たちにとって自然を切り開き、人間社会をつくりだすためのもっとも重要な道具だったのである。

学生たちの民俗調査

村には「雪は降るように〈ける〉」という言葉がある。

「ける」というのは「消える」こと。一日五〇センチも雪が積もることもある豪雪地帯だが、春が近くなると降雪と同じ速度で雪も解けていく。

山際や里の斜面には堰や用水路があり、ここから土肌が見え始める。それが春の合図だ。フクジュソウやバッケ（フキノトウ）、ウドザグ（ハナウド）やヒロッコ（ノビル）が顔を出す。山にはマンサクの花が咲き、根あき（木の幹の周りの雪が解け出す）も始まった。

春はあっという間にやってくるのだが、三月下旬のこの時期、役場裏の積雪観測ポイントにはまだ二メートル近い雪があった。

家の周りの雪が消えるのは四月半ばを過ぎてからのようだ。

この時期に怖いのは雪崩だ。

連なる山々のわずかの隙間にひらけた村なので、雪崩の危険と常に隣り合わせだ。

山の急斜面を大量の雪が滑り落ちる雪崩のことを村では「ワス」（表層雪崩）という。

「ヒラ」（大底雪崩）と呼ばれる雪崩もある。これは雪とともに大量の土肌も削り取って滑り落ちてくる。

表層雪崩よりもたちが悪いのだが、その「ヒラ」の死亡事故も過去には何度か起きている。田子内にある大日向山の裾で高さ六メートルの崖から長さ十メートル、幅五メートル、厚さ四メートルの雪崩が発生し、四人が生き埋めになり三名が死亡した惨事もあった。一九六七（昭和四十二）年四月一日のことだ。

七年後の同じ時期、現在の東成瀬中学校のあたりで雪崩のため四人が生き埋めになり三名が死亡している。このときは長さ三百メートル、幅百メートル、厚さ二メートルの雪が雨と暖気で突然地響きをたてながら崩れ落ちた。

そんな悲劇も生んでいる雪崩だが、「ヒラの場所では、いい山菜が採れる」ともいわれている。雪崩の落ち止まる場所に肥えた成分の土が溜まると、そこはアイコ（ミヤマイラクサ）やホンナ（ヨブスマソウ）など、良質な山菜が生育する場所になる。

東成瀬村に本格的な春を告げるのは、このヒラと呼ばれる巨大な雪崩だ。

猟友会のウサギ狩りが行われるのもこの時期だ。

ノウサギは雪の中に埋まったリンゴの下枝を食い荒らす。その食害を防ぐ有害駆除でもある。ノウサギのえさはタラノキや木イチゴ類の樹木、ブナなどの樹皮で、時にはササの葉も食べる。中でもリンゴの枝は大好物なのだ。

村に関係する文献を県立図書館で調べていたら、思いもかけない資料に行き当たった。一九六六（昭和四十一）年刊行の『東成瀬の民俗』という小冊子だ。A五判、一三四ページ、東洋大学民俗研究会の学生たちによるレポート集である。非売品で、学生六十人ほどが共同で取材・執筆している。

この刊行の年の夏、学生たちはひと月近く村で合宿し民俗調査をしている。レポートの目次は「社会組織」「人の一生」「衣食住」「生産労働」「年中行事」「信仰」「芸能」「口承伝承」「成瀬風土記」等の十章からなり、手書き図版も多数あり、学生とは思えないほどよく調べられた報告集である。

当時二十歳前後の学生だったということは、戦中か戦後まもなく生まれの若者たちである。いまも健在ならば七十代前半ぐらいの年頃だろう。

報告書を読んで五十年以上前の大学生の知的レベルの高さに驚いてしまった。ちなみに私はこの刊行年時に高校一年生。ビートルズの武道館公演があり、交通事故死亡者が一万四千人を超えて史上最高だった年だ。

前年には朝永振一郎がノーベル物理学賞を受賞し、秋田県内の高校進学率は六二・五％（全国七〇・七％）、大学進学率は一八％（全国二五・四％）に過ぎなかった。

学生たちが調査した当時の村の人口は四九三五人。一九四七（昭和二十二）年の六二二〇人が村人口のマックスなので、人口減少はもう始まっていた。

村の生業は農業だ。稲作、タバコ、林業が主だ。

タバコは二百年前から作られていて一アール当たり一万円の収入があったという。タバコは三月末に種をまき、八月から九月にかけて葉を摘み、半月から一カ月ほど干し、十一月に選別し、二月に専売公社に出荷した。

昭和三十年代初めまでは養蚕も盛んだった。

桑は四月頃に植えると二十年間は刈り取ることができた。村の養蚕は年産千三百貫、秋田一の生産量を誇っていた。ダメになっていった原因は、リンゴの消毒液で桑の木が育たなくなったため、と報告書には書かれている。さらに、商品の集積地である増田から遠い東成瀬村の集落になると、わざわざ運搬して得る収入と、増田に支払う手数料などが同額だったため、コストが合わなくなり養蚕は徐々に消えていった、とある。

繭は湯沢市の織場にも売ったが、質の悪い繭は「ホッタスル」といって、家族用の着物を織ったりしたそうだ。

昭和初期には麻栽培が盛んな集落もあった。麻は五月に種をまき八月に刈り取る。火にあぶり、日に干してから皮を取り、米のとぎ汁につけて柔らかくする。冬の間にそれを紡いでおき、春になって布に織った。これらはすべて村の女子の仕事だった。

林業の仕事もその時代ならではの証言が載っている。

村有林を切り出すのは電燈を引くときなどに限られた。

材木生産高は総生産高の三一・九パーセントを占め、農産物の五八・三パーセントに次いで二位で村の重要産業だった。切り出す樹木はブナ、ナラが炭焼き用で杉は建築資材だ。伐採は共同で行われ、昔は増田まで運んでから買い手を捜したという。

運搬の方法は、昭和三十年ごろからトラック運搬が始まったが、その前は「バラ流し」といわれるもので、雪どけを待って成瀬川に流して、川止めをしながら増田まで運んだ。

成瀬川は平均水温九度のきれいな川で魚の宝庫でもある。

魚を釣るためには鑑札（三百円）が必要だ。カジカ、ヤマメ、イワナ、川マス、ニジマス、サケ、ハヤなど魚種は豊富で、その漁獲法もおもしろい。山椒の実を煮詰めたものを流して魚をしびれさせたり、青酸カリを流して魚を捕る漁法まであったという。

川マスもよく川を上ってきたが、鉱山などの鉱毒のため上流までこなくなった。

そのためやむを得ず各家々ではニジマスを養殖するようになったのだそうだ。

狩猟は、この時代にはもう大部分の人が専業ではなく「遊び半分」になっている。

天江地区には高野山派と呼ばれるマタギがいて、クマ（アナグマ）、キツネ、ウサギ、アオシシ（カモシカ）などを捕っていた。

クマ狩りは明治時代まではヤリを使っていたが、その後は火縄銃、現在は猟銃に変わった。

一九二七（昭二）年ごろでクマは五〇銭、カモシカは二〇銭で売れた。

毛皮はセリにかけて売り、クマの骨はやすりでおろし傷薬にした。肝は乾かして「万病の薬」として売り歩く。血は味噌汁に混ぜ、心臓に良い薬だった。

鉱業も盛んだ。その昔、秋田藩は栗駒山から硫黄をとって久保田（秋田市内）まで運んでいた。村には田子内と肴沢に鉱山があったが、一九一九（大正八）年に閉山になっている。前山では銀、本山では金、増田の吉乃鉱山では銅の開発が進められた。

富山や奈良の薬売りは春と秋の年二回、村に来た。

宮城県の行商人も横黒線に乗って一年に一回は来村した。

野菜は湯沢、魚は増田から小型トラックで入ってくる。

なぜか学校専門品は大館から入ってきた。旅芸人は横手から、萬歳師が三角帽子や烏帽子をかぶり、袴をはいて鼓を打ちながらやってきた。

村の戦前の結婚適齢期は女子で十五、十六歳。男子は二十歳前後。

それが調査当時の六六（昭和四十一）年になると、女子が二十歳前後、男子は二十五、六歳になっている。三歳違いの夫婦は「道連れ」といって嫌う集落もあり、六歳違いが理想とされた。

岩井川や手倉では男子の二十五歳は厄年で結婚を避ける傾向にあった。どの集落でも家長の権限は絶対で、権限があまりに強いために自殺する花嫁や花婿がいた、という。

なぜ学力が高いのか

四月中旬、村を訪ねた。

秋田県内で最も早く桜が開花するのは、海沿いのにかほ市金浦の勢至公園だ。そこでは三日前に例年並みの開花が確認されている。

私の住む秋田市のお花見は四月二十日ごろになりそうだ。

村の桜はまだつぼみにすらなっていなかった。

同じ県内の春より、ほぼ一か月遅れ、と言ってもいいのかもしれない。

それでも国道三四二号に入ると道路脇の雪の壁は消えていた。

田んぼの黒い土が雪の合間から顔を出し、このひと月でものすごい勢いで雪は消えつつあった。役場のある田子内地区では田んぼ以外は雪が見あたらない。

敷地内に設置されていた「豪雪対策本部」の看板は取り外されていた。

四月初めから岩手県一関市に通じる国道三四二号の本県側通行止め区間の一六・六キロの除雪作業が始まっていた。ブルトーザーが雪の壁を削り、ロータ一リー車が雪を吸い込み遠くへと吹き飛ばしていく。四月二十日ごろまでには県境までの除雪は完了する予定だ。

この除雪が終わると次は奥州市と結ぶ国道三九七号の除雪がはじまり、五月中旬の全面開通を目指す。

それでも田子内、岩井川を過ぎ、手倉を越えて五里台集落付近まで来ると、田んぼの雪はまだ一メートル近くあった。もうすぐゴールデンウイークがはじまる時期だ。

五里台に住む杉山彰さんを訪ねた。

「お花見はいつごろになりそうですか」と訊くと、

「毎年ゴールデンウィーク中に集落でやります」

と意外な言葉が返ってきた。そりゃ早すぎるでしょう、と言い返すと、

「こっちの集落では花見は山に行って山桜の木を切ってきて、それを見ながら酒を呑むだけ。だから毎年同じ時期で大丈夫なんです」

なるほど、村で桜が植えられているのは役場周辺に限られている。

本格的に花見をしたい人たちは隣の増田にある真人公園まで出かけるのだそうだ。

四月中旬には文部科学省が主催する「全国学力・学習状況調査」が行われた。

東成瀬村の学力の高さを広く全国に知らしめた学力テストである。

通称「学テ」と呼ばれ、小学六年と中学三年の全員を対象としたものだ。国語と算数・数学に加え、今年からは理科を含めた三教科で行われる。

国公立校は全校参加で、私立は約半分ほどの学校が参加する。

去年（二〇一七）度の全国学力調査の結果は、秋田県は全国の小・中学生の平均正答率より各教科で三ポイント以上高かった。小六、中三で国語は全国一位。算数・数学は二位、三位といった順位で、上位にはやはりトップ常連の石川県や福井県がいる。

平成の学テが始まってから十年、秋田、石川、福井が常に学力トップ争いを繰り広げている構図はほぼ固定化している。

教育ジャーナリストで秋田県式教育法などに言及した著作を多数持つ矢ノ浦勝之氏によると、平成の学テが始まった二〇〇七（平成十九）年から二〇〇九（平成二十一）年の三年間の調査結果で、小学校では国語・算数A、B両問題で秋田は毎年一番。

中学でも国語は毎年一番で、数学でも常に三位以内を確保している。

学力テストの質問紙の集計結果でも「七時より前に起きる」「十時より前に寝る」「朝食を毎日食べる」「家の人と朝・夕食を食べる」「家で学校の授業を復習する」といった、生活習慣にかかわる点が全国平均に比して秋田は高いのだそうだ。

矢ノ浦氏の著作では、家庭学習の習慣化がなされていて、学校と地域・保護者の信頼関係が強い。教師の研修・研究体制が整備され、教師の技量が高いことが、成績のいい要因として挙げられている。

しかし、この学テからさかのぼること四十三年前、一九六四（昭和三十九）年に行われた昭和の学力テストでは、秋田県は四十五都道府県中（不参加の福岡県と返還前の沖縄県を除く）、小学六年生の算数が四十三位、中学三年生の数学が三十七位という結果だったという。その当時の秋田県の教育資料に当たっても、中学三年生の平均点は全国平均よりも全教科で五ポイント以上低く、ほぼすべての教科が全国で四十位前後とあった。

一九五〇年代から六〇年代の学テでは常に秋田県は下位に沈んでいたのである。

平成に入って再開された学テで常にトップの学力を誇ってきた秋田県も、実は昭和の時代にはほぼ全国最下層の低位に位置する「教育貧困県」だったのである。

この六四（昭和三十九）年の調査結果は、秋田県の教育関係者に大きな衝撃を与えた。

ここから秋田県の教育は大きく改革・改善に舵を切ることになる。

具体的に学力向上に向けた教育実践の記録が残っているわけではない。

危機感をバネに教員たちは授業改革を進めたのである。

学力が低かった時代を知る教員が問題意識を持ち、先頭に立って改革に取り組んだことが想像される。

こうした中から、児童生徒が話し合いの中で答を導く「探求型授業」、学習ノートを活用した「家庭学習」の習慣化、少人数学習などのスキルや方法が、秋田県の教師たちに定着していく。

秋田県独自といわれる「探究型授業」は、実は「平成の学テ」が始まる以前から秋田県の教育界が取り組んでいる授業スタイルで、特に目新しいものではない。

教員が児童に教え込むのではなく、授業の目的を提示し、児童が自分で考え、グループで話し合い、最後にその授業内容を振り返る。その過程で異なる考えに触れ、どれが分かりやすいかを検討し、学びあう。

今回の学テの調査結果でも、秋田県内の小・中学生の無回答率はほぼすべての問題で全国平均を下回っている。思考力が試される問題の正解率が平均より高いのは、この探究型授業の成果だといわれている。これによって難しい問題にもあきらめず粘り強く取り組む姿勢が育つ。

しかし学テそのものの問題点もある。

学テが教員の多忙化に拍車をかけているとの指摘があるからだ。

テストの点数や順位に学校現場が過度な重圧や負担を感じ、そのことが授業に影響を与えれば、子供たちが伸び伸びと学ぶことから遠ざかる恐れもある。

さらに通常の授業に代え、学テの「過去問題」を解かせるなど事前対策は県内外の学校で行われている。必要以上に競争心があおられ、テスト対策に時間が割かれ、本来の授業や指導に支障が出ているのも事実だ。

学テの成績は学力の一面に過ぎず、その結果に一喜一憂するのは本末転倒ではないのか。全員参加から抽出方式への移行など、テストの新しい在り方への模索も始まっている。

これまで十回の学テを通じて秋田、福井、石川などの上位県の固定化もあるが、全国的に格差は縮小傾向にあるという。

政令指定都市の小・中学校が、全国平均値を上回っているのも最近の特徴なのだそうだ。常連上位県である秋田県にも問題はある。

小・中学校の学力は安定しているが、大学進学率や高等学校の学力指標を見ると、他県に比べて低い現実がある。高校進学率はほぼ全国平均で推移しているのだが、大学進学率については全国平均から十ポイントほど離されている。

義務教育はいいが高校教育はレヴェルが低い、という人もいる。大学進学率は各都道府県の平均所得とほぼ比例しているのが現状だ。

秋田県は高校卒業後の就職率も全国に比して十ポイント以上高い。最初から進学を考えずに就職してしまう、という現実も見なければならないだろう。

学テは「県」からは独立した「教育委員会」が管轄する教育行事だ。国も成績の公表などの権限は各地域の教育委員会に任せている。

そのため市町村レベルの学校比較による成績は公表されていない。

そうした中で、東成瀬村が「学力日本一」として注目を集めるようになったのは、秋田県知事がある日突然、「秋田県は日本でトップクラスの成績。中でも東成瀬が県内で一番」と、公表したからだ。

学力テストの変遷

もう少し学力テストの歴史をたどってみよう。

全国の小・中、高校生の一部を対象に学力テストが始まったのが一九五六年のことだ。一九六一年には中学二、三年生全員が対象となり、翌年には高校生の学力調査が、この年を最後に中止になっている。

当時から生徒や学校の格差競争を生むものとして教師たちからは根強い反対があったのだが、それが早々と高校で現実となったのである。

一九六〇年代からは「全国中学校一斉学力調査」も、学校や地域間の競争が過熱したことにより一九六四年をもって「全員」調査は中止となり、翌年から中学生の学力調査は抽出調査に代わっている。

さらに一九六六年、旭川地方裁判所が、国による学力調査は違反と認定し、これにより学力調査そのものがこの年を最後に中止になる。「旭川学テ事件」と呼ばれるものだ。

しかし十年後の最終審では「本件学力調査には手続き上も実質上も違法はない」との認定がなされた。

それをうけて一九八二年には全国の小・中学生の「一部」を対象に学テは再開、二〇〇二年には全国の高校生のやはり「一部」もテストが再開されている。

この時点まで学テはあくまで「一部」の学校参加で実施されていた。

そして国と教師の間では、たえまなく中止か継続かの戦いが続けられていたのである。

二〇〇四年十一月、当時の中山成彬文科大臣が小泉純一郎首相に対し、全国学力テストの復活を、大学全入時代も理由に強く提案する。

二〇〇五年六月、政府は「経済財政運営と構造改革に関する基本方針二〇〇五」を閣議決定し、二〇〇七年、全校参加の形の全国学力テストを完全復活させた。

学力低下が問題視されつつあった時期で、基本的にすべての小・中が参加する全校調査の復活が四十三年ぶりになされたのである。

このとき愛知県犬山市教育委員会だけは市長や参加者の参加意向を振り切り、「競争原理の導入になる」と見送っている。私立学校の参加も六割程度に留まっている。

テストは三科目で、小学校は国語と算数。中学校は国語と数学で、知識力を問うA問題と知識活用力を問うB問題にそれぞれの教科が分かれ、全教科の正答率を平均してランキング計算する。

学力だけでなく児童・生徒の学習、生活環境のアンケート調査も加わった。

〇七年度、小六は記名式（中は番号式）だったが、個人情報の把握、漏洩の懸念があり、文科省は〇八年度のテストからは小六も番号式に代わっている。

文科省では、テスト結果を都道府県単位での公表にとどめ、学校ごとの成績公表は市区町村教育委員会にゆだねている。

しかし教育への関心の高まりや情報公開のなかで、保護者・地域住民の強い求めに応じざるを得ない地域も出てきた。

秋田県でも寺田典城知事が二〇〇八年十二月二十五日付で、〇七年及び〇八年度のテストの市町村別正答率を、市町村名を含めて公表している。都道府県レベルの自治体が市町村名を含めて結果を公表したのはこれが全国でも初めてである。

公表については保護者の賛成が多いが、教育委員会の反対が多く、両者の意識は乖離している。

教育委員会は、「学校間の序列化や過度の競争につながる」「公表しなくても指導方法の改善に役立てることができる」など公表反対なのに対し、保護者側は「学校選択の基本情報」を理由に公表を迫る、という対立の構図だ。

確かにメリットとしては、「児童生徒の学力状況が客観的に把握できる」し、「学習・生活環境の関連が分析」でき、「学習内容の振り返り」ができる。学校選択制が広まっており、保護者・児童が「学校を選択する判断基準のひとつ」になるのは間違いない。

逆にデメリットのほうは、「義務教育の段階で学力格差を広げる」ことが挙げられる。

日本より早く統一学力テスト（ナショナル・テスト）を導入したイギリスでは、学校間と自治体間の競争が激しくなり、弊害が大きいという批判が大きく、いまは廃止の方向に向かっているのも、その根拠になっているようだ。

他にも「教師の評価に学力テストが使われ、教師の実力差が明確になる」心配や、「テストの成績が学校や教師の評判につながる」危惧もあり、「テストが多く子供の負担になる」恐れもある。

秋田県知事における学テ成績公表の経緯をみてみよう。

寺田知事は二〇〇七年十一月二十六日の定例会見で、

「郡部の小さな学校が強く、教育環境が整っていると思われている秋田市が弱い」

「あえて話せば」と前置きし、東成瀬村、美郷町が好成績で秋田市は低い、と公表した。これまで学力テストの市町村別結果を公表したところはなかったため、この発言は県内外で大きな波紋を呼ぶことになった（秋田魁新報　〇七年十一月二十七日）。

翌年もまた知事の公表発言は続く。秋田県の成績が引き続き全国トップクラスであったことが、知事を前向きで過激な発言に向かわせていた。

「全県対比の数値は言わないような（不十分な）情報共有、課題分析はよくない。改善に結びつかない。比較して初めて弱点を知ることができる。市町村は自分の都合だけ」（秋田

魁新報　〇八年九月十七日）

改めて公表の必要性を指摘した。

翌年九月も寺田知事は「中学生は東成瀬村が秋田県で一番、小学生もいい」とメディアを前に述べている。

学テの実施要領では、結果発表の判断を各市町村教育委員会にゆだねている。各地域の教育委員会はその実施要領を前提に参加しているから、たとえ知事といえども指示命令はできない。もちろん権限もない。そのことを重々わかったうえで知事は、

「都会以上の成績というのは、ものすごく自信がつく」

「結果を地域で有効に活用することが大切。理にかなうこと」

と批判に耳を貸す素振りさえ見せなかった。

これに対して「県内一番」とほめられたほうの東成瀬村の鶴飼孝教育長は、

「公表することが序列化、競争につながるのが心配」と危惧をあらわにした。

さらに鈴木恒夫文科相までもが、「無用な競争になる。要領を守ってほしい」と知事をけん制する始末だ。しかしバトルはまだまだ続く。

知事はあくまで強気だった。

「要領をわかったうえで問題提起している」

「市町村が公表しないのなら、知事の責任で公表せざるを得ない」（秋田魁新報　〇八年九

月十三日）

とまで知事は踏み込んだ。

知事の意向を受けて、県教育長らが「公表を促す」ための教育委員会行脚をスタートさせたばかりだった。この結果を待たずの知事発言はフライングした、と反発も高まった。

「小六が全国トップ、中学三年も三位以内。県内では中学生は東成瀬が一番」。二年連続の好成績に知事はすっかり浮かれている、と県会議員たちからまで知事批判が飛び出す始末だった。

県内二五市町村すべての教育委員会は、この段階で公表はしない方針を確認する（秋田魁新報　〇八年九月十七日）

公表による学力向上を主張する知事と、序列化や競争激化を懸念する市町村教委の議論は一度もかみ合うことなく、行政トップによる「強権発動」ともいえる成績公表がなされたのである。

本を読む子供たち

村役場庁舎二階に教育委員会はある。

鶴飼孝教育長が笑顔で迎えてくれた。

村の小・中学校教育の「司令官」といっていい人物である。

鶴飼教育長は一九四四年生まれ。高校卒業後、いったん民間企業に勤めたが、教師の夢断ちがたく、秋田大学教育学部に入学。教師になった。

最初の赴任地は東成瀬中学校で英語教師である。

二〇〇六年から東成瀬村教育長として、地域づくりと一体となった教育行政の推進役として、二〇一八年現在も教育長として村民の大きな信頼を得ている。

まさに「学力日本一の村」の屋台骨を担う教育のキーパーソンである。

鶴飼の教育のモットーは実にシンプルだ。特別なことは何もないといっていい。

「(子供たちに)異質なものを受け入れる力をつけさせること。他者に触れてこそ、子供は人になる」

これがすべてだ。村に生きる子供たちは少人数の小さなコミュニティを生きるのが定めだ。

一学年一クラスしかない。小学一年から中学三年まで同じ顔ぶれで九年間の学校生活を過ごすしかない。

こうした特殊な村の教育環境が、子供たちの教育的欠陥であり、視点を変えれば最大のメリットにもなる。

鶴飼が打ち出した方針は「小中連携」だ。

村の少子化を見据えて「少人数の村だからこそできる教育」を柱にすえたのだ。

少ない児童数を逆手に取って、自分たちの身の丈に合った教育的方法を考えだした。

「小中連携」そのものは目新しいスローガンではない。だが鶴飼流はちょっと違う。

他校が「小中連携」をうたうのは「不登校やいじめ」「学力低下」などの解消が目的だ。

しかし東成瀬村には不登校も学力低下もない。生まれてから中三卒業まで、同じ顔触れで育つため、議論などしなくても気心は知れている。特別の意思疎通は必要ない。

問題は、その仲良しグループがそのまま社会に出てしまうことだ。

そこには過酷な現実が待ちうけている。

社会的な免疫のない小さな村社会から、いきなり競争社会に放り出されるのはまずい。

「正直」で「純朴」なだけでは社会を生き抜くのは困難だ。競争力も社会性も世界観も薄っぺらなまま、子供たちをグローバルな社会に放りだすわけにはいかない。

「小・中の九年間はとにかく異なる価値観に触れさせます。小一から中三までシャッフルしてグループ分けし、年齢を超えた学習母体をつくり、社会や大人に触れさせ、世代を超えて考えさせる訓練を意識的にしなければ、村の子供のハンディは消えません」

「人が育つ」ということは、異なる価値観に触れ、自分が何者かに気付き、意見の異なるもの同士が議論をし、新しい価値に目覚めていくことだ、と鶴飼は言う。

村には小・中合わせて二百人ほどの児童・生徒しかいない。それに地域の大人や先生を交えグルーピングをすると三百人くらいの連合体ができる。年齢層の異なるこのグループが一緒にさまざまな作業をする。意識して日常生活の中に、こうした地域と学校の連携環境を作り上げることで、子供たちは何かの作業をするたびに、自然に異質性に触れる授業や教育活動に触れることができる。

さらに子供一人ひとりの学力状況を九年間にわたって追跡する。

そこに「つまずき」が見つかれば、小・中双方の教職員が情報を共有し、授業の改善につなげていく。

少人数教育ならではの細やかなフォローができることで、初めて高い学力は保たれている。

「小学校では一年生から六年生までを十グループに分け、清掃とか花植えなどの作業をします。授業も課題をつかむことが大事です。一人ひとりに『僕はこう思う』という『僕』を持ってもらう。そして発表させる。議論をさせて新たな価値に気付いてもらう。この繰り返しの授業スタイルです」

児童生徒数が少ないと教育面では社会性や競争心が育ちにくい。

逆に少人数教育は教師の目が行き届き、きめ細かな授業が可能になる。

鶴飼が「小中連携」と同じように力を入れているのが「読書」だ。

「読書から得られるもの、それも異質性です。今まで蓄えたものと違う世界と自分を向き合わせて、一体どうなんだろうという疑問の力を身に付けることができます」

村では独自の予算で図書館司書を一名雇っている。

毎月その季節に合わせたテーマに沿って司書が本の展示を変えて提供する。

そのため学校の教室や児童館の廊下はどこも本だらけだ。

子供一人に対して組まれている図書費予算は六〇〇〇円。全国学校図書館協議会の「二〇一五年度学校図書館調査」によれば、児童一人当たりの図書購入費は全国平均一三九五円だ。

授業の始まる朝の十分間は読書の時間にあてられる。

月に一回十五分ほどの読み聞かせのカリキュラムもある。

放課後になると子供たちはすぐに図書室に行く。

本を読む環境がすぐそばにある。寝そべって読む子もいれば、おしゃべりだけの子も宿題をする子もいる。本が身近にある、という環境が大切なのだ、と鶴飼は言う。

「本を読むと自然に語彙が増えます。読解力がつく。自分の言葉で自分の気持ちや考えを相手に伝えることができるようになる」

「子供たちは様々な可能性を持っています。その可能性を引き出すためにも土台作りが大事。土台作りには考える力や生きる力など総合力が必要です。主体的に積極的に人生に向かい、夢に取り組むためには、課題に向かっていく知的好奇心や向上心が必要です。他人の話を聞く力も大切です。そのためにも読書はもっとも必要なものなんです」

役場と道路一本隔てた場所に東成瀬小学校と児童館がある。

児童館は二階建てで一階が保育所になっている。すべて教育委員会の所管だ。

「管理も一元的にやれます。生まれてから中学三年まで、私たち教育委員会が統括できます。一貫した教育方針、教育制度の中で子供を育てられる自治体って、あまり無いですよね」

さらにこうも付け加えた。

「村の子供は落ち着きがあり、学習に集中できます。それは祖父母の良識や経験がいい影響を与えているからだと思います」

児童の七割以上が祖父母と暮らす三世代世帯だ。子育てへの参画意識も高く、授業参観には祖父母も加わるため出席率は「一二〇パーセント」に達することも珍しくない。

村や家族の中に、自然に学習環境を整えてやろうという空気が穏やかにたなびいている。

村にはもちろん民間の塾は存在しない。

秋田県全体でも塾に通っていない小学生は八割近くに上るのだそうだ。

平成十五年度の家計調査によると、一世帯が一カ月にかける教育費は秋田が四六七四円で全国最下位だ。トップは福岡の二万一六九円で、秋田の約四倍だ(「女性セブン」二〇一六年八月十一日号)。

秋田には塾はなくても「家庭学習」がある、と鶴飼は言う。

家庭学習を習慣化することを保護者にも徹底させたそうだ。

それでも、もっと学ばせたいという保護者の声があり二〇〇八年からは村営の塾を開設した。自治体として初めて学習塾である。指導力の高い人を講師に迎え、中学生を対象に英語や数学の学習教室を月三回程度、レベルに応じて基礎、発展コースに分けて設けた。

保護者が負担するのは一〇〇〇円のテキスト代だけ。

小・中学校に在籍する二十八人の教職員も年三回の授業研究会を開き、互いの授業を見て改善すべき点を指摘しあい研鑽をしている。

「子供が将来、どんな道にも進める可能性と素地を育てるのが教育者の責務。誰かに出身地を訊かれたら、胸を張って東成瀬村と言える子供を育てたい」

それが鶴飼教育長の最終目標だ。

踊る教室

鶴飼教育長から一枚のＤＶＤをお借りした。

二〇一四年にテレビ放映されたＮＨＫの地方発ドキュメンタリー「学力日本一　踊る教室」だ。五〇分番組でナレーションはタレントのミッツ・マングローブ。

東成瀬小学校五年生の授業風景を追いかけたものだが、いわゆる教育番組とは一括りにできない、不思議な余韻を残すドキュメンタリーだ。

番組は驚くようなシーンから始まる。クラス担当の女性教諭、Ｓ先生が教室に入るなり突然、怒り出す。二時限目の授業開始の時だ。

「今日は勉強したくありません」

Ｓ先生はそう切り出した。

涙を流しながら「始めたくないんです」といきなり教室を去ってしまう。

場面は変わり、型通りに東成瀬村や小学校の紹介がある。

そこで、この村の小学生の学力が六年連続で全国トップクラスにあることが明かされる。

朝の授業は「サイコロ・スピーチ」なるものから始まる。

季節が春であれば「春を見つめて」「つくし」「最近のニュースから」といったメニューが提示され、児童たちはサイコロでメニューから「お題」を選び、スピーチする。

その日何を学ぶかは課題とともに先生から提示される。子供の意見を聞き、授業の中で検証する。四五分授業の最後の一〇分は「まとめ」と「ふりかえり」だ。

一方的に教師が知識を教えるのでなく、子供自らが考え、理解を深め発見を重ねていく。秋田県独特の「探究型授業」といわれるものだ。

そうした独特の授業メソッドの映像が続く。そして場面は冒頭の教室に切り替わる。

先生が教室を出た原因は「おはようございます」という入室時の先生の挨拶に、二人の子供しか「おはようございます」と応えてくれなかったことだった。

「私（先生）があいさつしなければ、皆さんはあいさつしなくていいんですか」

それが先生の退室した理由だった。

先生のいなくなった教室で児童たちは右往左往する。

やがて輪になって議論が始まり、児童有志が職員室に先生を呼びに行く。

職員室では教師同士もこの問題について議論を戦わしている。

児童たちの懇願にもかかわらず先生は教室に戻らない。

引き続き授業は児童たちの「話し合い」の時間に変更された。

侃々諤々《かんかんがくがく》のケンカ腰の議論に泣き出す子まで出る。

三時限目、四時限目も担当教師の了解を得て「話し合い」は続くが結論はでない。教師たちも見て見ないふり、子供たちを助けようとはしない。必死で出口を探そうともがく子供たち。

冷ややかに見守る教師たち。答や結論に至らないまま番組は終わる。

即効的な授業メソッドや学力アップの秘策を得られるかと期待した教育関係者には拍子抜け、落胆を禁じ得ない番組だったのかもしれない。だが鶴飼教育長は言う。

「東成瀬流の教育の本質を、一つの出来事を軸にして描いた優れた番組だと思います。多くの人に見てもらいたいですね」

ステロタイプの、単純な授業メソッドを紹介する教育番組ではないのが、逆に新鮮といえるのかもしれない。

番組スタッフは春先の二か月間ほど、何度も村に取材に訪れ、たまたまこの「事件」に遭遇したのだそうだ。

制作者や視聴者の番組への予定調和が、ひとつの出来事によって崩れて、予期せぬ物語が立ち上がった。その典型のような番組である。

教室の中で児童たちが泣き、わめき、おびえ、ののしりあう。

こうしたリアルな映像は、やらせでもなければ撮ることは不可能だ。

「熱心に取材してくれた結果だと思います。でも〈学力日本一〉という題名は私どもではなくＮＨＫが勝手につけたもの。私たちが自分たちの口から〈学力日本一〉といったことは一度もありません」

「子供が主体的に学び取る授業を学びたい」

村には二〇一七年度も六百名をこす教育視察団が訪れた。一四年度は四一八人、一五年度は七一団体五五三人、一六年度は八六団体六二一人、と視察の数は年々増え続けている。

視察団は日本国内だけでなく韓国、香港、モンゴル、ペルー、ユネスコ関連と世界に広がっている。視察後に教育委員会に寄せられた感想や、メディアに乗った感想、などをアトランダムに列挙してみると、

「子供たちが互いに学びあう様子や、自ら進んで自学自習する姿が印象的だった」

「地域が学校教育に信頼を寄せている感じがした」

「子供主体の教育を行っているのに感動した。先生たちも日々の学校生活の中で最善の教授法を学んでいる」

「生徒の発声を促し、全員が授業に参加するようにしている。生徒に『分からないことは恥ずかしくない』と思える雰囲気が素晴らしい」

韓国では「秋田の小さな学校の奇跡」というテレビ番組まで放映された。韓国では大都市

ほど子供の学力が高いのに、なぜ日本では小さな村の子供の学力が高いのか。

そこに焦点を当て、東成瀬流の「探究型授業」や、知識の詰め込みを目的にしない「課題の提示、発表、意見交換、振り返り」の授業メソッドを紹介している番組だという。

再び鶴飼の言葉を紹介しよう。

「大切なことはコミュニケーション能力です。学力よりもこちらが優先します。村の子はいろんな意味でハンディがある。表現力が豊かにならないと社会で生き抜いていけない」

コミュニケーション能力は、閉ざされた人間関係の中で生きなければならない村の子供たちの命綱である。

発表する力が豊かな想像力を育てる。相手のことを考え「優しく話し、あたたかく聞く」のが基本だ。

対話や議論が自分の足で歩いていくための人間力をつけ、思考力・判断力・表現力を伸ばす。東成瀬村の教育は、「自己評価の高い、劣等感を持たない」子供を作ることが目標だ。

「聞いてやろう、質問するぞ。わからないのは恥ずかしくない」

子供一人一人が「認められている」とわかれば自信が芽生え、やる気につながる。

そうした教育環境の背後には、村による学校給食の無料化や通学費、学習塾費の補助がある。入学祝い金の支給といった経済的支援もある。

地元企業での職業体験や、地元出身者による講演、小・中学校の連携行事など、村と保護者が一体となったバックアップ体制があってこそだ。

「これから必要なのは情報を構造化する力です。情報の量を増やすだけではダメで、それではは情報がどこに収まるかがわからない。量が増えていくと子供たちは混乱する。機能をちゃんと教えないといけません。形は同じだけど中身は違う。意味を教えてやって頭の中を整理し、膨大な知識をうまく納めてやる器を作ってやらないと本当の力にならない」

授業中の集中力が途切れない。自分の考えを自分の言葉で話す。

こうした基本動作は「小中連携」教育を通して、異なる年齢層や大人たちとの交流から育まれたものだ。

「子供たちに自己存在感を与える。他の子に差し替え不可能な存在を意識させる。そうすると子供たちはどんどん輝いていく」

スタートは劣等感

戦後初めて全国一斉学力調査が行われた一九五〇年代、小学生、中学生とも秋田県は全国でも最下層の成績だった、とは前述した通りだ。

それから約半世紀、「全国一斉学力テスト」が二〇〇七年に再開されてから、秋田県は常にトップクラスの成績をおさめ、なかでも東成瀬村の児童の成績はその県内でもトップを維持し続けている。

東成瀬村の教育に特別な「何か」があったのだろうか。

実はそのことをうかがわせる「きざし」らしきものが、ないわけではない。

あくまでこれは私見に過ぎないのだが、「変化の始まり」は一九七五（昭和五十）年のある事件から始まっている。

東成瀬中学校が開校したのは一九四七（昭和二十二）年のことだ。

日本国憲法が発布され、社会党や民主党などの連立政権・片山内閣が成立した年である。

秋田県の総人口は約一二一万人。世帯数は約二〇万世帯ほどの時代だ。

中学はできたものの村は縦にひょろ長く、交通の便が極端に悪かった。

冬季間は道路閉鎖が多く、遠距離通学は難しい。

そのため田子内地区にあった本校を中心に、岩井川、椿川、大柳、桧山台の各集落に分校が設けられた。

最初から本校一、分校四でスタートし、その「一村五校時代」が長く続いたのである。

小さな村のなかに五校の中学校があったのである。

このころから実は村の人口減少はすでに始まっていた。生徒数は減少傾向にあったのだ。

一九七三（昭和四十八）年当時の中学生は合計三三五人。それが一九八〇（昭和五十五）年には一八五人になることが予想されていた。この人数では複式授業を余儀なくされるのは明白だ。

さらに田子内本校は一九三二（昭和七）年の建造物だったため、体育館は傾き、壁の崩落がはじまり、積雪時の倒壊も心配されていた。

こうした事情から村議会では一九六九（昭和四十四）年ごろから「東成瀬中学校」として分校を本校一校に統合する議論を重ねてきた。

その三年後、具体案を進行させるため国に校舎建設補助金申請も出すようになった。

村で田子内字上林地区に六ヘクタールの建設地を確保し、候補地として議会に提案した。

しかし、この候補地選びが思わぬ波紋を呼ぶことになる。

なにかにつけ田子内地区への権力や施設の集中を嫌う岩井川地区住民から、

「田子内にあらゆる施設が集中するのは問題」

「建設地は岩井川地区ヤビツが好適。それ以外への建設は反対」

との陳情書が出された。

これは一九七五（昭和五十）年八月の村議会で不採択になった。

二カ月後の十月臨時村議会では、またしても村当局の「田子内建設案」が提案されるが、「反対七、賛成五、白紙三」で否決された。

この時点で完全に村は二分された。村内の半数を上回る一五一〇人が「田子内移転反対」の陳情に署名したのは、岩井川集落の反対派議会工作が功を奏した結果だった。

順調に推移していたと思っていた新校舎建設が、村議会で否決され、宙に浮いてしまった。

これまでの三年間、国に出し続けた新校舎建設の補助金申請も、その都度、議決がままならぬまま、認可枠を返上してきた。

今度もまた補助金枠返上となれば、二度と認可は不可能になる。

村当局には崖っぷちの危機感があった。補助金申請のタイムリミットは十月末だ。

議会工作に成功して勝利した反対派にしても、本当に勝つとは思っていなかったのか、自分たちの推す「岩井川ヤビツ地区」の土地買収はまったくの手付かずのままだった。

「このままでは子供がかわいそう。本校校舎は危険な状態なので、一刻も早い建設が急務だ」

今度は田子内地区一三五〇人からの陳情書が議会に提出された。

村ではそれを受け、議会の全員協議会を開催する。

しかしここでも議員自身が判断を決めかね、結論は出なかった。

「早く建設しないと生徒の学力に影響を及ぼす」

菊地寿吉村長が自ら反対派の岩井川地区反対派住民の説得に乗り出すことになった。

村長の説得が功を奏し、十月三十日、臨時議会で当局案である「田子内建設」が「賛成十一、反対四」で可決する。

村長の粘り強い反対派説得で、中学校統合問題は六年ぶりに決着を見た。

補助金を得られるギリギリの日付だった。

問題はしかしまだ終わってはいなかった。

可決前日の十月二十九日、岩井川の反対派住民からは「菊地村長解職（リコール）請求」が村選管に提出されて受理されていたのだ。

さらに一カ月後には一〇三五人の連署のあるリコール請求名簿が村選管に提出された。七日間の選管による審査と縦覧の結果、有効署名は九六二人。住民投票成立有効署名数（有権者の三分の二）は九九三人なので、三一人分が不足していた。

かろうじてリコールは不成立に終わったのである。

こうした村を二分する戦いの果て、二年後の一九七七（昭和五十二）年四月一日、東成瀬中学校は今の田子内地区の小高い丘の上に三階建ての近代的なコンクリート校舎になって開校した。

村長のリコールにまで発展したとはいうものの、中学校統合は村民一致の悲願といっていいものだった。

「一村五校」という中学校の統合問題は思わぬ集落の覇権争いになり、村長リコールにまで発展した。教育問題とはかけ離れた騒動と言えなくもないが、村を二分したこの統合問題こそ、今の学力トップの教育を生んだ「変化の始まり」と言えなくもない。

「一村五校」の中学統合問題は、校舎の老朽化や人口減少による少子化といった理由ばかりではなかった。

当時、本校を除く四分校の校舎は、その地域の小学校に併設されていた。小学校と同じ校舎に中学もあった。

小学校は四〇分授業だ。この小学生の授業時間枠で中学生も授業をしていた。

建物が同じなのに別々のチャイムを何回も流すのが煩しかったのだろう。

本来、中学生は五〇分授業が義務付けられていた。しかし村の分校では当たり前のように授業時間は小学生枠のまま進められてきた。

統合が成立すると、分校の中学生たちは年間にして一一五〇時間も通常より授業時間が短かったことが判明した。

東成瀬村の中学生は他校に比べて圧倒的に授業時間が短かく、勉強不足、学力不足が外から指摘されてしまった。教師たちのショックは大きかった。

「分校の生徒たちの今後の学力向上のために何が必要か」

教師たちは連日熱い議論を交わした。

その危機感は統合と共に教師たちに強いプレッシャーとしてのしかかった。

さらに闘志に火をつける結果にもなった。

「他校より学力が劣っている」という危機意識が、教師たちを奮い立たせた。

結果、その危機意識は今に受け継がれている……のではないだろうか。

崇高な理念も、崖っぷちの危機意識も、時間が経つにつれ記憶は薄れていく。とくに町村合併などあればその速度は加速される。そうした「地域的特性（欠陥）」はすぐに雲散霧消してしまうからだ。

しかし、幸か不幸か東成瀬村は中学校統合問題から一度も合併、吸収されることなく、単独立村の道を歩んだ。

合併を拒否して単独立村を選んだ村の教師たちには、「分校生徒の学力不足」の危機感が脈々と受け継がれた、と考えるのはうがちすぎだろうか。

Ⅱ

田植えと村長選挙

今年（二〇一八）の田植えは豪雪の影響もあり去年並みに遅れそうだ。

東成瀬村は南北に長い地形なので田植えは北から順番に始まる。

五里台集落の杉山彰さんに田植えの時期を訊くと、

「雪が消えないと苗づくりができない。もう少し先です。今年は去年と同じで五月末か六月初めでしょうか」

去年は天候不順で田植えの時期が遅れ、収穫もよくなかったという。

コメ作りはほとんどの農家がファームと呼ばれる農事法人に委託している。杉山さんのように何から何まで自分の手でコメを作る農家は村内全体の二割にも満たないという。

「田子内から手倉あたりまではみんな委託してますね。うちの集落までくるとファームはそれほど深く入り込んでいません。自分の手で植える人がまだ多いですね」

多くの農家は高齢のためやむをえず農業法人に田畑を委託する。それが時代の流れだが、農業法人への不満を口にする人もいる。

「ファームに任せても、うまいコメはできない」

一枚一枚の田んぼの環境が村では違う。特に温度管理が微妙だ。大型機械で一挙に作業をしてしまうと、当然、コメの出来にはバラつきが出る。

「田んぼに引く水に平気でイワナが入ってくる地域ですから。水の温度をどうやって上げてやるか、そこが一人ひとりの農家の腕の見せ所なんです」

イワナは冷たい川にしか生息できない。その水の温度管理は田んぼごとにちがう。水を入れる時期に微妙な選択や工夫が必要なのだ。

近い将来、この五里台の田んぼも、少子高齢化の波に飲み込まれ、ファームにコメ作りを委託するようになる。でも自分が元気なうちは自分でコメを作りたい、と杉山さんは言う。

村に農業法人は現在四社ある。

名前こそ法人になっているが、実際は小さな農家の集合体で、契約農家と法人は双方合意の上で関係は成立している。少子高齢化で荒れ地になるだけの農地を守ってくれるファームは、村の大方の農家にとっては「ありがたい存在」で好意的に迎えられている。それでも、これまでの自分たちの農業経験から一言モノ申したい農家もある。

「長い経験から今日あたりが自分の田んぼの収穫時期だとわかっても、ファームにも収穫時期のスケジュールがある。だから、なかなか自分の田んぼに来てくれない。収穫適期を逃しても農家は何も言えない。それが辛い、という人もいます」


この春、杉山家にとって大きなニュースがあった。村に移住してから生まれた長女の春（はる）さんが県立横手高校に進学、通学をはじめていた。

横手高校は秋田県を代表する進学校の一つだ。村からは遠いのでバスを三度乗り継いで通学しなければならない。下宿させる余裕はない。朝六時に家を出て、帰ってくるのは夜の七時半。往復四時間以上をかけてこれから三年間通学することになる。

「となると、今度はすぐに大学受験だ。大変ですね」

「まあ奨学金をもらうとか、私たちの親のいる埼玉の実家から通える大学を選ぶかなど、工夫すれば何とかなるでしょう」

杉山さんは楽天的だ。杉山さんの心配は長女ではなく、長男の小学四年生の秋（しゅう）君の方のようだ。秋君はここ数年、将棋に夢中だ。もう村の大人も太刀打ちできない腕前のため、十文字や秋田市にでかけ武者修行をしているという。

今年六月には秋田市で「ちびっこ将棋選手権」があり、そこで優勝するのが当面の目標なのだそうだ。去年も大会に出場したのだが、年下の男子に負け、その場で号泣したという。そのリベンジを誓って一年間精進してきた。

「ゲームなどやらせなかったし、ゲーム機を買ってやる余裕もなかったので、ゲームのかわりに将棋に関心が向かったんですね」

父親が教えたのがはじまりだが、すぐに勝負にならないほど強くなってしまったという。そんな子供たちの成長とともに、教育費も大変だ。

「今年は豪雪のおかげで、おもわぬ雪下ろしの仕事がふえました。現金収入になって本当に助かりました」

去年暮れから家の雪下ろし回数は村平均で六回ほど。一冬五、六回の雪下ろしが村では普通である。杉山さんの場合、まだ五十代の「若者」ということで、一人暮らしの高齢者から雪下ろしの依頼がひきもきらない。一人暮らしの高齢者は村の社会福祉協議会に「雪下ろし依頼登録」をする。逆に雪下ろしをしたいと思っている人たちは「雪下ろし作業登録」を社協にする。杉山さんが受け持つ対象家屋は六軒ほどで、同じ集落に住む高齢者たちだ。

雪下ろしの賃金を一日券（一万三千円）、半日券（六五〇〇円）、二時間券（三二五〇円）のチケットで発行する。半分の金額は村で負担し、残りが依頼者支払い分になる。

「今年は六軒の家から入れ代わり立ち代わり注文がはいり、それもリピートなので、もう三十回以上作業に出ました。お金にすれば二十万円ほど。臨時収入になり助かりましたが、体力的には限界ギリギリで、もう死にそうになりました」

村でも屈強の「山女」として有名な妻のあおいさんが秋にキノコ採りで稼ぐ臨時収入が十万円ぐらいだ。雪下ろしの臨時収入は値千金、教育費に大いに貢献しているそうだ。

まだ村の田植えが始まっていない五月十五日、東成瀬村長選挙が告示された。立候補を届け出たのは現職のみで、佐々木哲男氏が無投票で六選を決めた。これで無投票当選は二〇〇六年、一〇年、一四年と四期連続になった。

佐々木哲男氏は一九四一年生まれ。横手高校卒業後、六〇年に村役場に入り、総務課長、助役などを経て、九八年、新人同士の一騎打ちを制し初当選した。〇二年にも同じ新人との一騎打ちになったが、それ以降は対抗馬もなく無投票当選を続けている。

「村民目線の村政運営」を政治信条とし、常日頃から「派手なことや特別なことはできないが、村民が求めていることをやる」というのがモットーだ。

初当選から二十年、佐々木氏は役場勤務時代も入れると半世紀以上を村政とかかわってきた人物である。六期目となる今回の公約は、「生活道路の整備促進」「教育施策の充実」「縄文遺跡を生かした文化事業の展開」「農産物のブランド化と六次産業化の推進」「観光交流環境の整備」などを掲げる。

秋田魁新報のインタビューに佐々木村長は次のように答えている。

「成瀬ダム事業は二四年度の完成に向けて本格化し、周辺施設と合わせた周遊観光に積極的に取り組みたい。村内簡易水道の統合事業も岩井川地区を残すのみ。高齢化対策に特効薬はないが、在宅福祉や健康寿命の延伸を進める運動を住民を巻き込んで進めるつもりだ。深刻な人口減に対しては、農業の法人化などを通じて雇用創出の下地を作り、就労者の確保や移住、定住へ道をつけていく」

ものすごい速度で変化する世の中を見据えながら、

「村政を見直し、人材育成や産業振興に真摯に向き合っていきたい」

二〇二五年にかけ団塊世代は七十五歳以上になり日本社会は一挙に高齢化する。介護や医療、生活保護にかかる費用が急増し、子育てなどの行政サービスが低下する。そうしたいびつな人口構成のなか、生活道路の維持や雪下ろし、消防団、冠婚葬祭の手伝いなどの担い手がいなくなる。少子高齢化で日本列島全体が限界集落化する。いわば東成瀬村はその最前線の最新モデルと言えるかもしれない。

村は今も静かな危機と日々向かい合っている。

古の旅人たち

東成瀬村と岩手県奥州市は古代から深い関係で結ばれている。

過去にも県境を接する焼石岳山麓での牛の自然放牧や、胆沢川上流域や南本内川流域での国有林材の活用、須川温泉の分湯、そして今では国道三四二号、国道三九七号などの「共有資源」があり、絆を絶やさぬ交流は長く続いている。

その交流の記録は主に奥州市側からのものが多いが、二〇一七年暮れ、東成瀬村側からも交流の記録が見つかっている。

今から九十六年前の一九二一（大正十）年七月三十日、岩手・水沢の青年旅行隊一行が仙北道を越え、村を訪れた。県道水沢・十文字線（現国道三九七号）の実現にむけた運動の一環で、仙北道の改修や復旧、踏査と県道実現を目指した来村だった。

この運動の成果は、一九三五（昭和十）年に村の誇るべき遺産である「田子内橋」になって結実するのだが、この水沢旅行隊来村の二年後、今度は東成瀬村から岩手側へ、「答礼」踏査をした旅行隊の記録が村で見つかったのだ。

一九二三（大正十二）年七月五日から七日まで、水沢隊のルートを逆になぞった「仙北道紀行」である。

大判の紙に手書きで十ページほどのもので、巻末には参加メンバーや旅の予算内訳報告書も添付されている。筆者は不明だが、村のかなり学識豊かな人の手になるようで、簡潔で格調の高い文章で旅の顛末がつづられている。

隊の構成は、東成瀬村から青年団長をはじめとする団員、村長、小学校長や教員、書記など三十四名。西成瀬村からは青年団副団長と団員、収入役、小学校教員など十一名。増田町からは青年団長と団員、書記、農業技術員、軍人分会委員、有志など二十一名。計六十六名の大視察隊である。

一行は朝八時に椿台を出発し、生出川原で昼食をとり、午後三時に追分に着いている。さらに下嵐江《おろせ》を経て午後五時には愛宕小学校石淵分教場に到着。途中、若柳、愛宕など岩手側からの歓迎を受け、猿岩にある神社へ参拝にまで行っている。

岩手側の各地域では「奥羽山脈突破隊歓迎」の大旗が翻っていた、と紀行にはある。

お隣の旧西成瀬村出身の漫画家・矢口高雄が、自らの中学時代を回想した『蛍雪時代』（講談社文庫）に「東嶺の末裔…?」という面白い中篇作品がある。

ここに仙北道の開拓と伊勢参りの旅が登場する。

矢口の生まれた家の五軒隣の家に生まれた加瀬谷東嶺（雅号）という江戸後期の日本画家

が主人公だ。東嶺は西成瀬村の代々の親郷肝煎をつとめた家柄で、十代目正右衛門の長男として一七八九（寛政元）年に生まれた。幼少より絵を好み、長じて秋田藩の絵師・渡辺洞昌について学んだ。その後帰村し、正右衛門を襲名し親郷肝煎となる。親郷肝煎とは一村の村長的役割のみならず、いくつかの村々を統括する庄屋の代表取締役のようなものだ。

一八二五（文政八）年、東嶺は三十六歳の時、村の慢性的な貧困を改善するため「村おこし」に着手する。南部（岩手県）から馬を導入する案を考えたのだ。

馬があれば農耕用に使役でき、新田開発や米の増産につながる。さらに山越えに利用すれば村の特産品を南部に売り、三陸の海産物も大量に持ち帰ることができる。

南部に抜ける道は手倉越えしかない。しかしその道は人一人がやっと通れる山道で馬が通ることはできない。

道幅は三尺（九〇センチ）しかなく、繁茂する草木が行く手を遮り、往来は困難を極めた。そこで東嶺は秋田藩に手倉越えの拡幅を掛け合う。

仙台藩の肝煎りも招いて事前協議もし、仙台藩ではすんなり許可が出て、工事はスタートした。

が、秋田藩の許可がなかなか下りない。

村人たちの献身的な協力であと一息で仙台領の岩野目に接続する矢先、秋田藩は東嶺を「無断で重要な藩境の道を改ざんした」罪で入牢《じゅろう》三年を申し付けた。

三年後、村に帰った東嶺は家督を子の正松に譲り、自分は伊勢参りの旅に出る。その帰途、京都の円山四条派の大家、鈴木南嶺に弟子入りし、ここで東嶺の名をもらい、日本画家・加瀬谷東嶺が誕生した。数名の供を連れて故郷に錦を飾ったのは一八三五（天保六）年のことで、その一年半後、天保七年には四十八歳という短い生涯を終えている。

東嶺もそうだが、江戸期に藩外に出るためには「伊勢参り」という名目が必要だった。江戸中期から幕末にかけては空前の旅行ブームで「伊勢参りをしないと一人前の男と認めない」という風潮さえあったという。

地理的には少し飛ぶが、奥羽山脈の難所といわれた国見峠を越える秋田街道（秋田県仙北市と岩手県雫石町を結ぶ旧道）は、古代から主に戦略の道として開削された。

中世からは軍馬の往来も盛んになり、藩政期に整備が進むと秋田、盛岡両藩の交易や文化交流の大動脈になった。

戊辰戦争ではこの秋田街道が激しい戦乱の場にもなっている。

陸奥と出羽を結ぶ濃密な歴史と人間ドラマが詰め込まれた通路なのである。

数多くの文人墨客が歩き、十返舎一九や田山花袋、平福百穂らの紀行も残っている秋田街道だが、宮沢賢治の有名な「雨ニモマケズ」の詩に「サムサノナツハオロオロアルキ」という一説がある。「寒い夏」とは夏にオホーツクから吹いてくる寒気団「やませ」のことだ。

しかしこの風は岩手側から秋田街道を超えたとたん、旧田沢湖町の民謡の生保内節に「吹けば宝風ノオ　稲実る」とうたわれる恵みの風に劇的に変わる。

秋田側にとっては錬金術師のような回廊でもあったのである。


一八世紀の終わりごろ、増田を出立し、この秋田街道を通り、伊勢まで旅した『安倍五郎兵衛天明三年伊勢詣道中記』（増田町文化財協会編）という旅紀行が残っている。

増田村の肝煎りを務めた安倍五郎兵衛が一七八三（天明三）年三月、十六人の村人たちと出立。伊勢詣をして九月十六日に村に帰ってくるまでの半年間の旅日記だ。

五郎兵衛たちは羽州街道から奥州街道を通り、東海道をたどって伊勢にたどり着いている。帰りは京都を回って北国路から北陸道をへて増田村にもどってきた。

往復歩行距離は六〇〇〇里（約二四〇〇〇キロ）を超え、二百日余りを要している。

当時の成人男子の一日の歩行距離は十里（約四〇キロ）が標準で、女性でも五～七里は歩いたという。

五郎兵衛の旅日記で驚いたのは伊勢神宮の参詣料（神楽料）に五十四両も払っていることだ。今の貨幣価値で三百万円をゆうに超す金額である。当時の貧しい雪国の農民にとってはとてつもない大金だったに違いない。

これは村の「講」（仏事や神事の結社）の代参旅行だったため集金できたのだろう。

この金額でも伊勢に来れば飛びぬけて高額なものではなかったという。

この道中記には那智熊野大社までしか記されていない。

帰りの旅程が不明だったが、五郎兵衛が著したもう一冊の著作『旅の道草』（藤原弘編『秋田俳書体系・近世中期編』所収）に帰途の旅程が書かれていた。

伊勢参りの道中記を俳句と俳文で詠んだ著作で、これによると帰途は、熊野、吉野、奈良、京都、大坂、播磨、近江、木曽、信濃、越後、庄内、象潟を経て増田に無事帰っている。

この道中の天明二年冬から三年春にかけては異常な温かさで、五月からは一変冷気に転じた。七月には浅間山が大噴火し、東北各地は冷害で大飢饉に襲われている。

東北一帯で十数万人といわれる餓死者を出した特別な年である。

著者である安倍五郎兵衛の名前を継いだ十一代目・安倍五郎兵衛（一八五六〜一九三八）は、郷土史研究のほか村の殖産興業に尽力した人物で、桑の木の仕立て法を工夫し養蚕技術に功があった人物である。

一八四三（天保十四）年、冬の大雪で桑の枝が傷つき折れたが翌春、意外にも強壮な枝が生じて著しく生育。これをヒントに春切り法を施し、これを「秋田式桑樹栽培法」と称した。桑の萎縮病を防ぎ、霜害も少なく、採桑にも便利だったので藩養蚕方として普及を図っている。東成瀬村の養蚕にも大きな影響を与えた人物である。

水沢と増田

十文字から増田を経て東成瀬村から岩手側の水沢や一関に通ずる道路は、かつては道幅の狭い、曲がりくねった村道に過ぎなかった。

本格的にこの路線の開通運動がおこったのは一八八四（明治十七）年、当時の岩手県の県令が増田・水沢線の開削を提唱・計画してからである。

この路線が秋田県の県道に認定されたのは一九二二（大正十一）年。この時の区間は増田から田子内までだった。

その後、道路幅の拡幅や曲折改修などの工事が断続的に続けられ、一九六五（昭和四十）年、一関―横手間が県道に認可されている。

そして一九七五（昭和五十）年には国道昇格運動の成果もあり、国道三四二号に認定された。翌年には県境を越える水沢・十文字線の一部と岩手県の県道の水沢・住田線が一本化され、「横手・住田線」と改められ、一九八二（昭和五十七）年には国道三九七号として認定された。

鉄道施設も政策として論じられたこともあるが、これはことごとく計画倒れに終わっている。最初は大正初期だった。政友会の政策の一環として、十文字駅より東成瀬に通じる鉄道布設のための測量が行われている。田子内に停車場をつくる計画だった。

一九二九（昭和四）年には岩手・水沢町より若柳村を通り、秋田の増田・十文字に通じる「椿川線鉄道計画」があった。

その翌年には隣村（西成瀬村）の話だが、吉乃鉱山の規模拡張に伴い吉野・十文字間に鉄道施設が計画された。

しかしこれも地元住民の「鉱煙」と「鉱毒被害」で田圃が荒廃するという反対運動が起きて、鉱山側の計画は立ち消えになっている。

商魂たくましいといわれる水沢商人（当時は仙台藩）と秋田の増田商人は、互いの市場を重視し、交通、交易の発展に尽力し、長く強いつながりで結ばれている。「男なら水沢男、女なら秋田美人」と言われたほど交流は濃く、水沢には秋田人を祖先とする家や縁組も多く、双方のロマンスも数多く生まれたという。

物資の運搬も活発だった。

高倉淳著『仙台領の街道』によれば、仙台領側からは、三陸の海産物や北上川の鮭、南部鉄瓶、荒物、黒砂糖、水沢の特産物である麻製品などが秋田側に運ばれた。

秋田領からは「御留物」とされている酒や米、樺皮細工や漆器、熊の胆などが仙北道などを通して運ばれている。

天保大飢饉のときには、冬場の正月にもかかわらず、前沢（現奥州市）の商人が米三千俵を秋田領から買い入れた記録が旧胆沢町の「とや文書」や「高梨文書」に残っている。

その水沢や前沢のある奥州市は二〇〇六（平成十八）年、水沢市、江刺市、胆沢郡前沢町、胆沢町、衣川村の二市二町一村が合体（新設合併）して発足。

西側を奥羽山脈、東側を北上山地に挟まれ、北上盆地南部に位置している。焼石岳はブナの原生林が今も残る奥州市最高峰で、その西は東成瀬村と隣接している。

以下、奥州市の公式HPなどを参考にその歴史を追ってみよう。

奥州市は二〇一七年現在、人口は約十二万人。岩手県内では盛岡市、一関市についで第三位の都市である。農地の割合が高く、稲作を中心とした複合型農業により岩手では屈指の農業地帯でもある。

また交通の利便性の良さを背景に水沢区では商業集積が進み、工業団地等が整備され、農・工・商のバランスがとれた産業基盤を特徴にしている。

胆江地方は古代東北の歴史舞台の中心地として知られ、数多くの史跡が残されている。市の中心部である水沢区からは幕末から近現代にかけて多くの偉人を輩出している。

特に高野長英、後藤新平、斎藤実は水沢三偉人として、それぞれ資料館があり、生家など史跡も多く残されている。

水沢は奥州街道が南北を貫き、秋田側の手倉街道と岩手側の盛街道（水沢と三陸の大船渡を結ぶ）が交差する交通の要所のため宿場町として栄え、商人の町として町人文化が栄えた。伊達政宗は、平泉を含む岩手県南部（北上市の一部まで）を支配したが、当初は水沢に代官が置かれていた。後に伊達政宗の従兄弟にあたる留守宗利が金ケ崎城から入ると、以後は留守宗利を祖とする「水沢伊達氏」の支配が幕末まで二三〇余年間続いた。

一六一二（慶長十七）年、キリシタンである後藤寿庵は伊達政宗の家臣で見分（現在の奥州市水沢区福原）に千二百石を領した。自分の家臣や領民をキリシタンに帰依させ、居館の傍に天主堂やクルス場（墓地）をおき、この地を聖書の福音にちなんで福原と改めた。

ここに全国から信者が移り住み、外国人宣教師が訪れ、福原は東北地方のキリシタン布教の拠点となった。

一六一二年から一六二三（元和九）年には、寿庵が西洋の知識を大いに活用し、私財を投じて胆沢川の水を引く用水堰の開削に尽力し、胆沢平野の開墾に大きな功績を残している。

一八六八（慶応四）年、明治維新の際の戊辰戦争では、仙台藩は奥羽列藩同盟をつくって明治新政府と戦ったが、敗戦にともない水沢伊達氏領は仙台藩から没収され失領している。

戊辰戦争では官軍として新政府側に立った秋田藩攻撃のため、仙台藩側の兵隊三百人が仙北道を越え攻め込んだが、すぐに奥羽列藩同盟の敗北を知り下嵐江に舞い戻っている。

敗戦を知るのがもう少し遅ければ、東成瀬村は戦場となった可能性が大きかったのである。

一方の増田については、『増田町史』からその歴史をひもといてみよう。

一八八九（明治二十二）年、町村制施行で平鹿郡増田村、亀田村、八木村が合併し成立した村だ。一八九五（明治二十八）年には町制施行で増田町となった。

そして一九五五（昭和三十）年、増田町と西成瀬村が郡越境合併し平鹿郡増田町となる。二〇〇五（平成十七）年、横手市、平鹿町、雄物川町、大森町、十文字町、山内村、大雄村の合併により横手市となった。

横手市増田町は、横手盆地の南東部に位置し、雄物川支流の成瀬川と皆瀬川の合流点に位置している。

古くは南北朝時代に小笠原氏が増田に城を築き、その後城主となった土肥氏が関ヶ原の戦い（一六〇〇年）あたりまで統治していたという。

佐竹氏入部後の江戸時代以降には商業活動が盛んになり、一六四三（寛永二十）年開始と伝えられる増田朝市は現在に至るまで連綿と続いている。

葉タバコや生糸は一時期秋田県内最大の産地となり、増田商人の多くはこれらを主力商品とし、物資の集散地としも賑わった。

明治時代になると、資金の投資先や社会構造が大きく変化。

増田においても同様で、結果として商業活動は活性化し、産業面で大きな発展をした。

この時期に増田の商人は共同で増田銀行（現在の北都銀行の前身）を創設したほか、増田水力電気会社（発電）や増田製陶会社（陶器）、長坂商店（味噌醤油）などの会社も設立している。

この傾向は大正時代になっても続き、吉乃鉱山の採掘量の増加もあいまって、商業活動は加速度的に活発化した。

その商業活動の舞台となったのが現在の中町、七日町商店街通り（中七日通り）だ。当時の繁栄を今に伝えるものが「内蔵《うちぐら》」と呼ばれる土蔵だ。

この内蔵は増田地方独特の呼称だ。

主屋の背面に建てられ、土蔵そのものを、鞘となる上屋が覆っている。雪害から保護するためにこのような造りになったともいわれる。

二〇一三（平成二十五）年七月一日、この地区の約一〇・六ヘクタールを横手市は増田伝統的建造物群保存地区に指定し、まちなみ景観と建築様式や技術を維持しながら、後世へ継承していく取り組みが行われている。

隣村の二人

十文字から国道三四二号を東進すると、左手に大きな真人山が姿を現す。真人山から左に折れると増田の町へ入り、右に迂回して成瀬川を渡ると、西成瀬集落だ。横手盆地の東南に位置し、ひょろ長い地形の東成瀬村の入り口にあたる。

一八八九（明治二十二）年、町村制実施に伴い西成瀬村は誕生した。一九五五（昭和三十）年には増田町と合併し、さらに二〇〇五（平成十七）年には横手市と合併、横手市の一集落として現在に至っている。

かつて西成瀬村は吉乃鉱山（一七一九～一九五七）を有し隆盛を極めたこともあった。一九一四（大正四）年に有望な鉱床が発見され、大日本工業（株）の鉱業所が建設されてからは広範な地域から労働者が集まり、集落が形成され、一寒村はたちまちにして活気あふれる鉱山の町として栄えた歴史を持つ。

西成瀬集落の入り口付近には住民交流の場である「西成瀬地区交流センター」がある。元の西成瀬小学校の校舎跡を活用したものだ。

二〇〇二（平成十四）年、増田町内の四小学校（増田小学校、亀田小学校、西成瀬小学校、

増田東小学校）は人口減から増田小学校に統合された。

その西成瀬小学校跡地の校門をくぐると、左手に石碑が立っている。石碑には「一音を 一語を」と大きく刻まれている。

この村で標準語教育を推進した遠藤熊吉の教えを顕彰し、西成瀬小学校創立八〇周年記念事業にあわせて、その翌年に建立された碑だ。

遠藤熊吉の標準語教育によって全国に知られた「西成瀬」という地名は、あい次ぐ町村合併にのみ込まれ、今はこの小学校跡を「西成瀬地区交流センター」と名付けることで、かろうじて地名消滅の危機から救われている。

センターには今も国語教育や言語学の研究者や学生たちが訪れるという。


「標準語の村」の生みの親である遠藤熊吉の生涯を、北条常久著『標準語の村』（無明舎出版）をテキストに読み解いてみよう。

遠藤は一八七四（明治七）年三月一日、秋田県平鹿郡旧西成瀬村安養寺に地主の息子として生まれた。

一八八三（明治十六）年、荻袋安養寺小学校（後の西成瀬小学校）に入学する。

二十歳の時に上京し、私塾の国語伝習所などで古典文学を学び、その傍ら標準語の追求・習得にも励んだ。

一八九五（明治二十八）年に帰郷、隣村の駒形小学校（現在の湯沢市駒形町）の准訓導を経て、翌年から母校・西成瀬小学校で教鞭を執ることになる。

そこで遠藤が熱心に取り組んだのは、話しことばの指導、いわゆる標準語教育である。その活動は、遠藤が亡くなる一九五二（昭和二十七）年まで実に五十八年の長きにわたって、継続された。

遠藤の標準語教育の特徴は、方言を否定しなかった点である。当時の一般的な標準語教育は、方言を悪いことばと見なし、矯正しようとするものであった。それに対し、遠藤は、方言を純化させることにより標準語に至ると考えたことだ。

遠藤の指導が実を結んだのは、この地域に吉乃鉱山という全国から人々が集まる場があったことも一因と言われている。

江戸時代に採掘がはじまり、大正時代には日本有数の鉱山に成長した吉乃鉱山には、鉱山関係者だけで八千人もの人が西成瀬に住み着き、昭和初期には全校児童数が六百人を超えた時期もあったという。

遠藤が西成瀬小学校へ二回目に赴任した一九一九（大正八）年ごろから、学校には多数の参観者が来るようになる。亡くなってからも、遠藤の遺志は多くの後輩の教師たちによって継承され、遠藤の実践は教科書の教材に取り上げられ（一九六一年・「小学新国語5年下」光村図書）、西成瀬小学校の言語教育は新聞、ラジオ、テレビなどで全国にたびたび紹介されることになる。

遠藤の言語教育の根底にあったのは「標準語を学ぶことで、貧しさからの道を切り開いてやりたい」という痛切な思いだった。

時には村人の反発にあい、教育者からは指導法を笑われ、言語学者からの攻撃を受けながらも、遠藤はその独自の言語教育の指導法を変えることなく、その生涯を終えた。

遠藤の理念は西成瀬小学校が学校統合で亡くなる二〇〇二年まで、およそ百年にわたって引き継がれ、生き抜いたことになる。

遠藤と西成瀬の村に起きた教育的事件は、「学力日本一の村」として脚光を浴び、国内外からの教育視察や授業参観の絶えない東成瀬村の現在と似ていなくもない。

百年という時を挟み、うりふたつの教育環境を生み出した、と言えるかもしれない。


旧西成瀬村からはもう一人、偉人が出ている。

漫画家の矢口高雄である。代表作は『釣りキチ三平』だ。

矢口の偉業を記念して、横手市増田には、増田まんが美術館が一九九五年に開館している。日本で初めて漫画をテーマにした美術館である。

矢口は西成瀬村狙半内に生まれた。東成瀬村の中心地からは直線距離で十キロほどしか離れていない場所だ。

西成瀬中学を出た矢口は、この村でただ一人高校に進学した生徒だった。高校を出ると地元銀行である羽後銀行（現在の北都銀行）に入行、銀行マンとして県内各地で二十九歳まで働いた。

漫画家になる大きな転機は、銀行の労働組合運動の分裂（矢口は熱心な組合運動家でもあった）と、投稿していた漫画雑誌「ガロ」で作品が入選を続けたことだ。

デビュー作は「週刊少年サンデー」の読み切り作品「鮎」で、同じころから梶原一騎原作の「おとこ道」の連載も始めた。ペンネームは目蒲線矢口渡に住んでいたことから、梶原一騎がつけてくれたもので、本名は高橋高雄。

梶原は「巨人の星」や「あしたのジョー」の原作者である。

矢口がデビューした同じころ、年は二回り以上若いが、東成瀬村からも漫画家が誕生している。姓も同じ高橋よしひろだ。

高橋は一九七一年、東成瀬村に生まれ、中学卒業とともに集団就職で村を出た。その後、本宮ひろ志プロダクションに入社し、アシスタントとして漫画家のスタートを切った。矢口が銀行をやめ上京した翌年である。

上京したその年に応募した「下町弁慶」が手塚治虫賞に落選したものの編集者の目に留まり、この作品が事実上のデビュー作になった。

七三年には「おれのアルプス」が手塚賞の佳作に入り、「週刊少年ジャンプ」で「あばれ次郎」の連載が始まる。

そして八七年、代表作である「銀牙―流れ星　銀―」で第三二回小学館漫画賞を受賞。高橋は犬を題材とした漫画家の第一人者と言われ、特に虎毛の秋田犬（通称・熊犬）を主人公にした動物漫画が多い。その代表作の一コマが東成瀬村の岩井川にある地域交流センター「ゆるるん」ロビーに飾られている。

まったく同じ時期に成瀬川の東西の小さな村から、奇しくも二人の人気漫画家がデビューしているのである。

個人的な話になるが、私は秋田県南部にある湯沢高校を一九六八（昭和四十三）年に卒業したのだが、就職組の中に四名もの「漫画家志望」者がいた。

漫画家「希望」ではなく、有名漫画家のアシスタントとしての内定を得た就職だった。彼らの口からさりげなく「さいとうたかお」や「赤塚不二夫」「小池一夫」といった漫画家の名前が出てくるのに驚いたのを今も覚えている。

水面下ではメジャーになりつつあった矢口や高橋の、勢いや風のようなものがこの東北の片田舎にも吹きつつあったのだろうか。

村を歩く

村に入るとすぐ、国道沿いにコンビニエンス・ストアーがある。

ここから先にコンビニはないから、買い物はここで済ますことになる。

村の入り口には行政機能が集約された田子内地区がある。

まずは役場に行き教育委員会に顔を出す。

ここで村史である『東成瀬村郷土誌』（平成三年刊）を購入。ここでしか買えない本だ。A五版一一三〇ページの大著で領価は五八〇〇円。在庫はあったが、役場内で現金のやり取りはできない。現品を受け取って、隣の農協で代金の決算と領収書をもらう。

役場を出て、近くにある郷土文化保存伝承施設「東成瀬村ふる里館」へ。ここは何度行っても新しい発見がある。

村の先人紹介や民具、農具の展示、狩猟や村の歴史も写真資料で学ぶことができる。

同じ敷地にある巨大な仙人像のモニュメントもユーモラスだ。

左手に平良地区を見ながら東進すると、右手に農家風建物の蕎麦屋さん。

村で食事ができる場所は、宿泊施設を別にすれば、ここと役場の食堂の二軒だけ。昼時はいつも混んでいる。

国道を離れて岩井川地区に寄り道する。地域交流センター「ゆるるん」で一休み。二〇〇一（平成十三）年、閉校になった岩井川小学校の跡地にオープンした「ゆるるん」は、村の福祉増進や生涯学習、各種交流の推進を図るために作られた施設だ。二百名の観客席を持つホールや広い研修室もある。エントランスホールには村出身の漫画家・高橋よしひろが描いた大壁画もある。

再び国道にもどり、椿川地区に入ると左手に「まるごと自然館」がある。古代からの交通・交易の古い歴史を持つ古道「仙北道」の情報・案内などの拠点施設として建てられたものだ。栗駒山や焼石岳登山の情報発信もしており、山歩きで村を訪れる人たちにとっては知られた場所だ。私も取材で一息つきたいときの「休みどころ」としてよく利用している。

「まるごと自然館」の向かいには、食べ物や雑貨を売る小さな商店「大学商店」がある。店名の看板が目立つので通るたび「面白い名前だなあ」と思っていた。思い切って店名の由来を聞いてみたら、「屋号です」とのこと。先祖代々伝わってきた店主の名前が屋号になり、店名になってしまったのだそうだ。そういえば買ったばかりの『東成瀬村郷土誌』の中に「高橋大学」という人の話が出ていた。この店と関係があるのだろうか。

椿川をこえると五里台集落だ。増田を起点にして二十キロ付近にある場所なので「五里台」

という名前が付いたのだそうだ。

五里台を過ぎると、マタギたちの住む村といわれた大柳集落だ。ここには村営のキャンプ場や射撃場があり、今は自然公園として村民の憩いの場になっている。

ここから赤い橋をわたり、いくつかの集落を経由すると桧山台だ。

成瀬ダムの工事現場のある場所なのだが、民家らしき建物はない。

ダム工事現場を豆粒ほどにしか見えない大型トラックが何台も走り回っていた。

ダム現場を過ぎるとあとは栗駒山登山口へ向かう道が続く。

この十年、毎年、栗駒山に登っている。もう何度も通っている道だ。

帰途は岩井川地区の龍泉寺に寄り道する。境内に「了翁禅師剃髪の石碑」があると聞き、興味を持ったからだ。一九四〇（昭和十五）年に建立された石碑だ。

了翁禅師は、一六七二（寛文十二）年、上野寛永寺のなかに勧学講院を建立、ここに収集した文庫（内外の典籍三万点）を納め、一般庶民に開放したことで知られている名僧だ。

了翁の始めた文庫は今日の図書館の事始めではないか、という人もいる。

意外なことに龍泉寺は岩井川集落の住宅地の中にあった。人里離れた自然豊かな立地を予想していたが外れた。

境内に入ると、畳一畳分はある大きな石碑が建っていた。

若き日の了翁がここで剃髪得度したことを刻んだものだ。

了翁は一六三〇（寛永七）年、湯沢市幡野に生まれている。

今でいう悪ガキで幼いころ養子に出されている。

そして十二歳で東成瀬岩井川村の龍泉寺に寺僕として小僧奉公に来た。勝気で仏門を嫌った了翁は、村でもしばしば反抗的な態度で周囲を困らせたという。

しかし、ある日、加賀の浪人と称する人物が和尚を説得し、了翁を剃髪得度させる。

その後、了翁は人が変わったように精進に励むようになった。そして求道の旅に出て諸国の各寺で修行し学徳を磨いた。

龍泉寺での剃髪得度が、了翁の人生のターニングポイントだったわけである。

ある時、病気になった了翁は夢枕で老人が教えてくれた薬を調剤して飲んだところ、たちまち快癒した。この霊薬で万人を救うことこそが仏の道と悟り、了翁は「錦袋円」の名前でその霊薬を売り出した。

上野・不忍池のそばに薬舗を開き、薬は大ヒット。その利益三千両で大蔵経を買い、不忍池に弁天島を築き経を納めた。

翌年には上野寛永寺のなかに勧学講院を建立。捨て子を養育したり、飢饉救済の義援金を送ったり、生き仏とあがめられた。

一七〇七（宝永四）年、宇治の弘国寺にて死去した。享年七十八だった。

龍泉寺を出て、田子内の村役場に戻る途中、派手な色のワンボックスカーと遭遇した。ボディを真っ赤に塗りつぶし、車体の腹には「こまっちゃん号」のかわいらしいイラスト文字。はて、なんの車だろう。

派手な車体とイラストに魅かれて、停車中の車に近づいて一周してみるが、よくわからない。運転席から降りてきたドライバーがやおら車の後ろに回り、後部ドアを開けた。なんと車内にカウンターがしつらえてあり、制服姿の若い女性がにこやかに微笑んでいた。預貯金や現金の払い出しをするＪＡバンクの移動金融車だった。「走る銀行」なのである。高齢者や人里離れた山間部に住む人のための移動車なのだが、この車を見て「銀行」とわかる人は、多くないに違いない。

村にスーパーはない。そのため肉や魚といった生鮮食品は移動車が販売する。これは知っていたが、銀行にまで移動車があるとは、寡聞にして知らなかった。

村のドラマは「道」を舞台に繰り広げられることが少なくない。いまでこそあって当たり前の生活や交通の動脈だが、そこにはドラマと歴史が詰めこまれている。村を語ることは「道」を語ることでもある。

村の大動脈である国道三四二号だが、ちょっと前までは曲がりくねった狭い村道に過ぎなかった。

明治時代までは道路が悪く狭いため、増田から田子内鉱山まで毎日十余台の荷馬車が通り、桑を積んだ馬や通学する子供たちが道路わきに寄るスペースもなかったという。

近代に入り本格的に村の道路の開通運動が始まったのは一八八四（明治十七）年のことだ。当時の岩手県の石田県令が、増田・水沢線の開通を提唱、計画に移した。

この路線が秋田県の県道に認定されたのは一九二二（大正十一）年で、この時の認定区間は増田から田子内までだった。バスは不定期だったが一九二八（昭和三）年ごろ、岩井川から十文字までの「アズマバス」が運行されている。

村に入る交通機関は一九三三（昭和八）年あたりまで、人の往来以外は人力車だった。トラックが入ってきたのが大正年代。そして一九六五（昭和四十）年、一関—横手間が県道に認可される。

一九七五（昭和五十）年、粘り強い国道昇格運動の成果により、ようやく国道三四二号に認定される
翌年には水沢・十文字線の一部と岩手県の県道の水沢・住田線が一本化し「横手・住田線」と改められ、一九八二（昭和五十七）年に国道三九七号として認定されている。

暮らしの年表

村は今年（二〇一八）、村制一三〇年を迎えた。ということは村政一〇〇周年のメモリアルな年は一九八九年、年号の改元があった平成元年と重なっている。

村ではこの村制一〇〇年を記念して「村民歌」を発表し、村の記念日を五月十日と決め、さらに村民憲章を定め、盛大にお祝いをした。

この記念事業を知る人の話によれば、

「一番感動したのは、記念事業に歌手のさだまさしが来てくれたこと。今思い出しても鳥肌が立つような感動だった。中学校に仮説ステージをつくり、村内外から三千人もの人たちが来た。村はじまって以来のお祭り騒ぎで、数日間興奮が冷めなかった」

という。村の人口から推測しても三千人という数には驚いてしまう。

これを機に都市に住んでいる村出身者たちの親睦会、「首都圏なるせ会」も発足している。事務局は村役場に置かれ、毎年、年末には東京で総会が開かれ、三百名近い村出身者が一堂に会する巨大イベントに成長した。

その会も今年で三〇周年である。

「首都圏なるせ会」の中心メンバーは六十代以上の村出身者たちだ。

戦後の復興期に起きた朝鮮戦争によって日本経済は浮上のきっかけをつかむ。

昭和三十年代（一九五五〜六五年）に入ると関東や関西の工業地帯で労働力不足が深刻になり、東北や九州からの中学卒業生たちは「金の卵」ともてはやされるようになる。

村からも多くの中学生が集団就職列車に揺られ村を出た。

一九六一（昭和三十六）年に椿川中学分校の卒業生十六人中、進学して高校に進んだのはわずか三人。一九七一（昭和四十六）年の大柳中学分校では進学者はゼロである。就職先は、男は機械工業や電気関係、女子は紡績や縫製、製パン工場が多かった。経済的な貧しさもあったが、当時の高校定員枠が狭いことも村から若者が流出する大きな要因のひとつだった。

「首都圏なるせ会」の会員たちは、この「金の卵」世代がたくさん含まれている。

その「首都圏なるせ会」の会員たち二十名に、事務局幹事長である佐々木正蔵さんに労をとっていただき、アンケートをお願いした

最初の質問は、「村の五大ニュースをあげるとすれば」というものだが、ほとんどの人が無条件に「学力日本一」を挙げていた。

二〇一四年（テレビ朝日）と二〇一六年（ＮＨＫ）に全国ネットでテレビ放映されたのが大きかったようだ。それ以外には「小学生の時にあった永伝寺の火災」、「ダム建設」、「磨製

石斧の発見」、「中学校統合」などが挙げられていた。

二番目の質問は「村に望むこと。将来への期待」。「山村留学を受け入れ、自然を生かした観光発展を」「交通の便をよくして、観光客を呼び寄せてほしい」「今後ずっと自立した故郷であってほしい」「栗駒の自然をもっとPRすべき」といった意見が寄せられた。

中には「村が存続してほしい」という切実な思いのこもった回答もあった。

三つ目は「村に改善してほしいこと」。これには成瀬ダムの自然破壊を心配する声が多かった。

四つ目は「村のすばらしさ、誇りたいこと」。

こちらは大方の人が共通していて、「自然の豊かさ」「学力日本一」「夜空の星の美しさ」「栗駒・温泉・四季」などを挙げている。「人情味ある村民気質」「行政と村が一体となった村づくり」を挙げる人もいた。


村の百三十年間の暮らしを『東成瀬村郷土誌』や『さわやかなるせ　東成瀬村制施行一〇〇周年記念誌』などを参考に拾ってみよう。

東成瀬村は一八八八（明治二十一）年の町村制発布に伴い、翌年四月一日、田子内村、岩川村、椿川村が合併、村制が施行された。

初代村長は平良集落長だった平良直松だ。直松は平良集落に生まれ手広く農業を営んでいたが、養蚕の新しい方法を先進地から取り入れるなど養蚕の発展に尽くした。

ちなみに一八七六（明治九）年の記録では村の戸数は五二八軒、人口は三〇〇一人。うち農業従事戸数は三九九軒。

明治時代の主な産業は、葉たばこ、葉桑、葉藍、炭焼きなど。

葉たばこの生産は雄勝郡内の八十二パーセントを占め、群を抜いている。

村に初めて郵便局ができたのは一八九九（明治三十二）年だ。田子内郵便局の名称で通常集配（封書をあつかう第一種）業務が認可された。といっても同じ雄勝郡の稲川町・駒形郵便局から運送請負者によって経由される形だった。

初代郵便局長は佐々木喜代治で、岩手県湯田町の赤石鉱山や槻沢鉱山の鉱山主だった人物である。

電信は郵便小包の取り扱いと同時に一九二二（大正十一）年十二月から始まっている。

村に電灯がともったのは大正時代の終わりだ。当時は増田の水力発電所から送電されていた。長い設置工事期間があり、ようやく電灯はついたが、一家に電球は一個しかつけられなかったという。電球の数が制限されていたためだ。

電気コードの寸法も決まっていて、長くしたいという村民の要求は聞き入れてもらえなかったという。

この当時の戸数は六九七軒、人口は四五九六人である。

昭和に入ると東北大凶作があった。

一九三四（昭和九）年に東北地方を襲った冷害は各地に甚大な被害をもたらした。東北全体ではコメの六割が減収したといわれているが、田子内地区も六割の減収、大柳、桧山台地区では収穫は皆無。

「夏でも布団をかぶらなければ寒かった」という当時の村人の証言も残っている。

この悲惨な時期の村の戸数は七五〇軒、人口は五二二二人（一九三三年）。

一九三一（昭和六）年には満州事変、翌年は上海事変、三四年には中国・河北地方への軍隊侵攻など、戦争の影は年を追うごとに濃くなっていく。

その規模も年々拡大を続け、一九三七（昭和十二）年七月の日支事変を境として、日本は本格的な戦時体制に突入していく。

村でも食糧増産、勤労奉仕、軍人援護が推奨され、日々の暮らしは苦しくなる一方だった。ご飯の中に大根葉を入れるのはいい方で、くず米の餅にゴボウの葉を混ぜた草餅などを食べた。男の働き手も少なくなり、田植えは七月になってから行う始末だった。

敗戦の一九四五（昭和二十）年は、あの東北大凶作（一九三四年）を上回る不作だった。

ここでから一挙に戦後に飛ぶ。

村にテレビが初めて入ったのは一九五六（昭和三十一）年のことである。

メルボルン・オリンピックで秋田県人の小野喬が体操で金メダルをとった年である。

村の南部にある桧山台に最後に電灯が付き、全村電灯化がなったのは一九六三（昭和三十八）年のことだ。

その三年前の一九六〇（昭和三十五）年、吉乃鉱山の自家用発電所だった平良発電所の電気を東北電力が買電し、村に直接配電が可能になった。

一九六九（昭和四十四）年には東成瀬小学校と椿川小学校で給食が始まり、これで全村の小学校が給食実施となった。

村にテレビのための共同アンテナができたのは一九八〇（昭和五十五）年だ。

この年はプロ野球の巨人軍・王貞治が引退、村では高校生のバイク死亡事故があり交通事故ゼロ運動が六年でストップしている。

電話が全村ダイヤル化されたのは一九八二（昭和五十七）年で、この年、村の鳥が「やまどり」、村の虫が「ほたる」、村の魚は「いわな」に決まった。

分校も含めてすべての小学校にプールが設置され終わったのは一九八九（平成元）年だ。

友信じっちゃ

村で「友信じっちゃ」と言えば老若男女、知らない人はいない。

大人だけでなく子供たちの間でも有名人だ。村の古いしきたりから民間伝承、消えた暮らしのあれこれまで、わからないことは友信じっちゃに訊けばいい、といわれる村の生き字引のような存在だ。

友信じっちゃこと佐々木友信さんは、一九三四（昭和九）年、東成瀬村に生まれた。

村の子供たちに友信じっちゃが人気なのは、毎月、小学校で「ちいきのぎょうじにふれよう」という、村の年中行事の授業を持っているからだ。

友信じっちゃは、この小学生の特別授業を十五年以上も続けているのだ。

「孫がちょうど小学四年生のころで、その孫が今二十六歳だから、もう十六年も前の話だ」

最初は教育委員会から依頼され「ふるさと教育」の一環として小学校で「養蚕」の話をしたのが始まりだった。

昔は村の一大産業だった「蚕」のことを誰も知らないことに危機感があり、授業で小学生たちに実際に蚕から繭をつくらせた。そこから絹糸ができるまでを時間をかけて教えた。

授業は大好評で、以後、友信じっちゃの授業は東成瀬小学校の名物といわれるまでになった。

消えつつある年中行事や昔の食べ物、祭りや忘れられた遊び、友信じっちゃの話は小学生たちの郷土学習には欠かせない定番メニューである。その授業はこんな感じだ。


二月（五年生）「雪中田植え」―田植え体験と餅づくり。

二月（一年生）「昔の冬の遊び」―箱ぞり、竹スキー、踏み俵（木製スケート）などの遊具を使い昔の子供の遊びを体験。

六月（一年生）「端午の節句」―ショウブやヨモギを使う節句
六月（五年生）「よでこ」―さなぶり料理を試食する。小豆、きな粉、コメで料理を実際に作る
六月（三年生）「みそ作り」―実際にみそを仕込む。

七月（四年生）「歯がため」―雪中田植えのホケキョ餅を試食する。

九月（一年生）「豆名月」―枝豆の話と昔語り。

十月（二年生）「刈り上げの節句」―餅つき体験と昔語り。

十月（二年生）「栗名月」―栗とすすきの話。

十一月（三年生）「みそ作り」―六月に仕込んだみその出来上がり。

十二月（四年生）「豆腐炙《あぶ》り」―郷土料理の作り方と昔語り。
十二月（三年生）「大黒様」―郷土の祭り行事を解説する。

「もう年なんで授業もきつくなってきた。みそ作りは体力がいるので、ゴメンしてもらって、他の人にやってもらっている」

二月の「雪中田植え」も体力的にはきつい授業だが、特にきついのは食べ物の授業だという。事前の準備が大変なのだ。きな粉やアンコなど何種類かの餅を事前に作り、子供たちに食べてもらうのだが、餅をつく作業は難儀になってきた、と笑う。

友信じっちゃは村の小・中学校を出て、増田高校東成瀬分校（定時制）を卒業した。家は農業で養蚕、葉たばこも作っていた。葉たばこは秋に専売公社に売り渡して現金収入になるから、収入のない冬場の大切な現金だった。

養蚕も毎月のように現金になった。蚕の食料である桑の木が村の山にいくらでも自生していたから、村民はこぞって養蚕に取り組んだ。桑の木が簡単に手に入ることが他地域にはない強みだったという。

祖父は馬喰（ばくろう・牛馬の売買やあっせんをする人）だった。

羽振りがよく、当時の村では貴重だった塩もいつもカマスにどっさりあった。祖父の持論は「二十五歳までは百姓をやれ」というもので、若いころに農業で苦労すれば、あとはどんな職についても我慢できる、というものだった。

祖父の教え通り、二十五歳までは家業の農業に精を出し、二十代後半からは村の田子内鉱山に働きに出た。当時は普通の手間仕事よりも鉱山は数倍賃金が高かった。鉱夫というよりも事務系の仕事が多く、鉱夫のために食事をつくるのが大事な役目だった。

「でも三十人分の三食の飯をつくるは大変だった。まず食材がない。山の中なので町から大量の梅干しと納豆を買ってきて、毎日そんなもんばかり食べさせていたなあ」

梅干しも納豆も腐らずに日持ちするからだ。

田子内鉱山の景気が悪くなると、福島や新潟の鉱山へも出稼ぎに出た。「ワタリ鉱夫」と呼ばれるものでタガネとノミと水筒、枕かけの三つだけをもって各地の鉱山に出かけた。たいがいは閉山になったり、掘りつくされた鉱山専門で、もう一度掘ってみて可能性を探る「三カ月鉱山」と呼ばれた。ダメならすぐ次に移動し、可能性があれば、そこに住み込んで掘り続ける。不安定な旅ガラス生活だった。

「ワタリは五年ぐらい続けたかな。それから村に帰ってきて学校の用務員や農協に勤めて、最終的には商工会のお世話になった」

友信じっちゃが故郷の大切さに目覚めたのは、この鉱夫としての「ワタリ」の経験が大きかったという。

商工会に三十年近く勤め、退職すると、できたばかりの「東成瀬村ふる里館」の管理人として民具の収集や運営にかかわることになった。

ここでの職場経験が今の年間行事や民具の知識を得るきっかけにもなった。


「豆名月」の授業を見学させてもらった。小学一年生、十六名の授業だ。

教室の机といすが片づけられ、床にむしろが敷かれた。ススキやオミナエシ、お神酒にろうそく、芋の子などが黒板の前に並べられる。ススキやオミナエシには枝豆が差し込まれている。

友信じっちゃのお話が始まった。正式な授業科目名は「せいかつ」というのだそうだ。

担任の先生のほかに教育委員会から派遣されている授業サポート役の補助教員、司会役は「コーディネーター」とよばれる村のボランティア女性だ。彼女は友信じっちゃと学校側の連絡や調整を行い、授業を進行する役割を担っている。校長や副校長といった人たちもひんぱんに授業をのぞきに来る。

十六名の小さな学童たちの教室に五、六名の大人たちが入れ代わり立ち代わり見学に来る。

友信じっちゃは草花やお神酒の意味を一つ一つ丁寧に説明する。お月さんと豆、農業の収穫の大切さと昔の人の祈り。孫に聞かせるようにやさしくゆっくりと話しかける。

ときどき「ジサマの話、わかりますか?」と聞き返すと、「はいっ」と児童たちの元気な返事が返ってくる。

「わかってくれて、ありがとう」とすかさず友信じっちゃはお礼を言う。

二十分ほどで友信じっちゃの話は終わった。これ以上長くなると子供たちは飽きてしまうからだ。

次は友信じっちゃの横に待機していた備前ムツさんこと「ムツばっちゃ」の昔語りに引き継がれた。ムツばっちゃは村の昔語りの会の会員だ。

今日のお話は豆名月に関係した「月に行ったウサギ」の話だ。やわらかな語り口で児童たちの眠気を誘うが、子供がざわざわし出すと、シーッと怖い顔で、本気で子供を叱りつけた。

昔語りが終わると、聞いていた子供の一人が、話し終わったムツばっちゃに駆け寄ってきて、無言でムツばっちゃに抱きついた。

男の子は小さな声で「ありがとう」とつぶやき、ムツばっちゃもうなずいて、しばらく二人で抱き合っていた。

七十歳以上も年の差のある老婆と少年が（背丈は一緒だが）、外国映画のヒーローとヒロインのように慈しみあって静かに長い時間ハグしている。

そんな光景に涙が出そうになった。

イタン・エイブラムス

役場内にある教育委員会に立ち寄ると、外国人がデスクワークをしていた。村の教育委員会が独自で雇用している外国語指導助手（ＡＬＴ）のイタン君だ。いつもニコニコ笑顔を絶やさない、あの友信じっちゃに負けない村の人気者だ。

イタン・エイブラムスは一九八三年生まれ。教育委員会専属として、もう村の滞在は六年目になる。ＡＬＴは長くても五年ほどの勤務期間が普通なので、六年というのは珍しい。村がよほど気に入ったのだろう。生まれはアメリカ・ニュージャージーで、この六年間で里帰りしたのは三回だけだそうだ。自然豊かな東成瀬村が大好きだそうだ。

「たぶん来年もこの村に居るでしょうね」と笑う。

アメリカの大学では「東ヨーロッパの歴史」を専攻し、大学院では「国際協力」の勉強をしたそうだ。大学院では日本の歴史の授業もあり、特に古代に強烈に興味を持った。大学院を出てからモンゴルに三カ月滞在したが、病気で一時帰国、その後、ＪＥＴプログラム（語学指導などを行う外国青年招致事業）で日本行きを決めた。

お世辞にも日本語がペラペラとはいえないが、日本語に詰まると、すごいスピードでスマホを操って適切な日本語を探し出す。スマホ片手で日本語の会話が途切れることがない。趣味はハイキングとボルダリング。村の「天正の滝」が大好きで、よく一人で出かけるという。モネの絵が好きで、わざわざジュネーブの展覧会まで出かけたこともある。好きな映画はオーソン・ウエールズの『第三の男』だそうだ。

アパートは湯沢市に借りているので、毎日マイカーで四〇分ほどかけて村に通う。教育委員会でデスクワークするのは木曜日のみだ。

冬は交通事情が悪くなるので朝は五時半に起きる。シリアルだけの簡単な朝食をとり、その後じっくり「ニューヨーク・タイムズ」の電子版を読むのが日課だ。トランプ大統領の天敵のような新聞だが、

「アメリカ人として、トランプはちょっと恥ずかしい」と笑う。

仕事は、中学生の英語の授業が月、水、金曜日。小学校の英会話教室は水曜日。その他にも木曜日は午前中に保育園、午後からは大人たちのための英会話教室を受け持っている。普通の日本語の授業の補助をすることもあるし、村のイベントには積極的に参加する。

昼は村の入り口にあるコンビニでサンドイッチなどで済ませるが、夜はアパートで自炊だ。キリタンポも刺身も好きだが、最近はなぜかレトルトカレーに夢中だそうだ。

イタンの祖父母はウクライナ人で、アメリカに移民した。

なるほど、それで東ヨーロッパ史を学んだわけか。父親は証券取引所の広報の仕事をして

いたが、今はリタイアして悠々自適の生活だ。

一度、父母が東成瀬村に遊びに来たが、あまりの田舎に目を白黒させていたという。

「この村の子供たちは日本で一番頭がいいんだよ」と教えると、「なぜ?」を連発されたという。

「授業をする生徒数も少ないから、一人ひとりに目配りが届くのも成績向上と関係ありますね」とイタンは思っている。

「PTAと学校と教育委員会の子供たちへのサポートが素晴らしいのも、他では見られないですね」とも付け加えた。

イタンの今日のスケジュールは保育園児の補助、指導だ。

その指導ぶりを見学させてもらった。

児童館では朝のお遊戯から園児たちの一日が始まる。

イタンは出会う子たちに「ハウアーユー」と声をかける。間髪入れず園児からは「アイムハピー」と元気な返事が返ってくる。

園児全員が参加する朝のお遊戯にも、イタンは一緒に踊り歌いながら参加した。

終わると六十人余りの園児たちは十五、六人のグループにわかれ、プール遊びや図工、絵本の読み聞かせの部屋に分散していく。

イタンは図工の教室で、保育士のサポートだ。

図工のテーマは「花火」。折り紙を使って花火をつくる授業だ。作業の進行を保育士が説明し、その合間に折り紙の色や花火に関する基本的な単語をイタンが英語に訳し、園児たちにリフレインさせる。自然に英語を取り入れるように配慮がされていて、イタンも無理に英語は使わない。

どこにでもいる授業の補助員が流れをこわさない程度に英語をはさむ、という感じだ。

園児たちはイタンを外国人という目では見ていない。それもそのはず、この子たちは生まれた時から児童館周辺でイタンを見て育っているからだ。

図工の時間が終わるとプールだ。イタンも水泳パンツに履き替えて、外のプールに急ぐ。その姿は英会話教師というより、どこにでもいる保育士そのものだ。

村の大人たちのための英会話教室もある。役場二階にある会議室が教室になる。

今日の生徒は三名。イタンは開始時間の三〇分前には会議室に入り、準備に余念がない。参加生徒は入れ替わるが、いつも三人から六人ぐらいの村人が出席する。

最初に入ってきたのは村に移住して二十年目の五十代の杉山彰さんだ。入って来るなりいきなり、自分の書いた英語の詩をイタン先生に添削してもらいだした。自分のミニコンサートで歌う自作歌詞の英語バージョンをつくっているのだそうだ。

次に入ってきたのは七十代の主婦Tさん。ドアを開けるなり「寒いですね」と英語でごあいさつ。

三人目の女性も七十代、村の小学校の教頭先生をやっていたKさんだ。

「ひさしぶりですね」という、ちょっとひねった英語で入室してきた。孫が知恵熱を出したが、知恵熱は英語でどういうのか、イタン先生への質問は授業前からヒートアップする。

「先週はどんなことがありましたか？」

イタンの英語の問いかけから授業は始まった。それぞれがあいさつ代わりに英語で答える。全員が農家なので話題は農作物のことがメインだ。キャベツや白菜、英語で「種」という単語はひとつではないことなどが生徒間で披露される。

イタンからも「村には冬の野菜はどんなものがありますか？」と質問、それぞれが単語を駆使しながら答えていく。

イタンはアイパッドの「かぼちゃ」の絵を見せて、「これは日本ではなんという野菜か？」と問いかける。英語ではスクワッシュだが、ズッキーニと同じ種類の野菜であると説明する。杉山さんは村で初めて本格的なズッキーニ栽培を始めた人なので、質問は杉山さんに集中する。

その後は農薬の話になりカメムシやテントウムシ、アブラムシなどの害虫にきく農薬の情報交換になってしまった。

ころあいを見はからいイタンが立ち上がった。

今度は黒板に書いた英単語を黒板を背にした二人がヒントをもとに当てるゲームが始まった。

このゲームで三〇分ほど遊んだ後、イタンは用意してきた英語で書かれたメモ教材を渡す。「ハワード・ガードナー」というアメリカ人心理学者の「多重知能理論」を易しくガイドした英語のコピーだ。

ガードナーは「IQだけが知能ではない。子供の可能性をひろげるには『言語』や『論理数学』『空間』『内省』『博物的』『身体運動』『音楽』『対人的』の八つのマルチの多様な知能を見るべき」という知能テストの限界を画期的な理論で説いた、アメリカでは有名な心理学者だそうだ。

子供の教育に熱心な村の大人たちに、この学者の理論を紹介したかったというのがイタン先生の本音だ。

平易な英語でのガードナー理論の説明を生徒たちは神妙な顔で聞き入っていた。

イタンには特技がある。中学生たちが卒業するとき、その保護者たち一人一人の顔を見て、卒業生の親が誰かを初対面で当てる、というものだ。ここ数年、その正解率は一〇〇パーセントだというから驚く。

東成瀬大地震のこと

険しい山々の谷間に開けた集落なので、東成瀬村は昔から自然災害の多い地域だった。山からの落石や崩落、台風や地震、雪崩や雪害など、不意の災害に村人たちは長く苦しめられてきた。

今も村の大動脈である国道沿いには、多くの建設会社の工事現場が常時存在している。工事のない日はないといっても過言ではないほど、どこかで毎日、工事の槌音が響いている。

そんな村の人たちから、「あの地震のとき」という言葉がよく出る。

これは一九七〇（昭和四十五）年に発生した「東成瀬大地震」のことだ。「この前の地震」と比較的最近を指すニュアンスの地震は、二〇一一年三月十一日の東日本大震災のこと、ではなく、その三年前の二〇〇八年六月十四日の「岩手・宮城内陸地震」のことだ。

実は地震関連の話題で、あの「三・一一」の東日本大震災が話題になることはほとんどない。村では目立った被害がほとんどなかったからだ。

ちなみに二〇〇八年の地元紙・秋田魁新報の読者が選ぶ「秋田十大ニュース」の一位は「全

国学力テストで本県の小中学生が二年連続でトップ級」で、二位は「湯沢市と東成瀬村で震度五強の地震」だ。

どちらも村がかかわる「事件」だが、「これまで起きた事件事故で最も記憶に残っているものは何ですか?」と村人に訊くと、十中八九、四十五年以上前に起きた「東成瀬大地震」を挙げる。

東成瀬大地震は一九七〇年十月十六日、東成瀬村が震源となるマグニチュード六・五の直下型地震だ。震源の深さは地下二〇キロで、東日本大震災とほぼ同じ時刻の午後二時二十六分、異様な音を立てて大地が激しく揺れた。横揺れではなく縦揺れだった。

「遠くからゴーンゴーンという山鳴りのような音が続いた」という人がいれば、「自動車がパンクするようなドーンというすごい音がして、慌てて裸足で家から逃げた」という人もいた。

地鳴りや山鳴りの音、家のガラス窓が割れ、建具が倒れる音や人間の叫び声がいたるところで入り混じり、余震は夜になっても止まらなかった。

この日、岩井川小・中学校では「全校写生会」があり、三人の先生を除いて全員が校舎の外にいた。そのことが幸いし混乱やけがを防げた形になったのだが、被害の一番ひどかった肴沢集落付近で写生していた小学四年生の集団のそばには、山から大きな石が降り落ちてきた。

担任の高橋登教諭は、すぐに避難命令（山側から離れること）を出したが、ひとりの児童が逃げ遅れた。高橋先生は、その児童を逃がそうと駆け寄った瞬間、山からの落石の直撃を受け、両膝を怪我している。

この日、小学校四年生で、肴沢地区でスケッチ授業を行っていた当時の児童である谷藤広子さんは、「地鳴りのような音がして、そばの成瀬川の水面がドーンとものすごい勢いで膨れ上がった」という。

地面がドンドンと跳ね上がって上下するので、それに酔って気持ちが悪くなった子供もいたという。

国道三四二号沿いにある肴沢集落の道路脇には巨大な石が標識とともに鎮座している。双子岩と呼ばれるもので、あの地震で山から落ちてきたものだ。

「子供たちを助けようと走り回った高橋先生の靴が脱げ、この石の下に今も埋まっている」と掲示板には記されていた。ほとんど無人だったため人身事故を免れた校舎内でも科学室の薬品が落ち、出火寸前だった。

家の中では地震直後、上下動の激しさに襖やドアがねじれて飛んだ。足が生えたかのように「冷蔵庫が家の中を数メートル走って移動した」と証言してくれたのは、あの友信じっちゃだ。

人々は不安な一夜を過ごした。

翌朝、第一次の被害状況がまとまり、午後三時三〇分に災害救助法が発動された。予想以上の被害であることが分かり、県では補修や移転への融資を決めた。村には報道陣や見舞客が押し寄せ、大学の地震被害研究チームの来村もあいついだ。

不幸中の幸いだったのは火を使う時間帯ではなかったため火災発生がなかったことだ。秋晴の好天で外仕事をする人が多く、家の倒壊に巻き込まれなかったことも幸いだった。

被害は学校、保育所などの公共の建物、村道（八カ所）、林道（三カ所）、水道（二カ所）、農業施設（八カ所）に及び、被害総額は一億七千万円。全壊家屋は十九戸、半壊は四十九戸、一部破損が一八五戸にも及び、負傷者は二名だった。

この地震の約一カ月前、秋田駒ヶ岳で大規模な噴火があった。

八月二十九日に山中での地震が確認され、九月十七日には女岳が噴火した。

これは全国版のニュースになったほどの大事件で、東成瀬村からも「珍しい火山の噴火」を見ようと、遠方の仙北郡田沢湖町（当時）にある駒ヶ岳までバスを仕立てて「見物」に行く人も、かなりの数いた。

ところが後日、東成瀬地震を調査した東北大学理学部地質古生物教室の調査により、東成瀬地震発生の原因は脊梁山脈を斜めに切る「川舟―割倉山断層帯」であることが判明する。この断層帯は噴火したばかりの駒ヶ岳直下まで伸びていた。

まったく関連性のない災害として報道された「駒ヶ岳噴火」と「東成瀬地震」は、実は地続きの断層が生みだした根っこを同じくする自然災害だったのである。

「この前の地震」といわれる「岩手・宮城内陸地震」は、二〇〇八年六月十四日午前八時四三分、岩手県内陸南部（仙台市の北約九十キロ）が震源のマグニチュード七・二の地震だ。岩手県奥州市と宮城県栗原市で最大震度六強を観測したため、地震は「岩手・宮城内陸地震」と命名され、その被害もこの二市が中心で建物被害よりも土砂災害の多いのが特徴だった。

ピンポイントで岩手県・胆沢川の石淵ダムに設置された地震計で震度七が記録されていたが、これは震度計ではなかったため、気象庁ではこの数字を正式採用しなかった。

それほどのすさまじい揺れだった。

秋田県では湯沢市と東成瀬村が震度五強。すぐに災害対策本部が設置された。

東成瀬村や湯沢市、横手市の国道三四二、三九七、三九八号や県道、市町村道の計十三カ所が、路肩の決壊や落石などにより通行止めになった。

栗駒山荘や泥湯温泉などでは周辺道路の破損や電話の不通により、温泉客や従業員が孤立状態となったが、マイカーで別の道路を使って避難した。

村の三〇〇世帯（一〇二四人）の簡易水道が濁水し、発生から五日経っても濁り水が解消されない集落が残った。

村の水道はすべて簡易水道だ。十二カ所ある水源のうち一カ所を除いてすべて湧水を利用しているのだが、この内の九地区で濁り水が発生し、生活に大きな影響を与えた。特にダメージのひどかったのが村のイワナ養殖業者で、二十五万から三十万匹のイワナの稚魚が死んだ。地震で濁った湧水が養殖地に流れ込んだのが原因である。

さらに栗駒山麓の観光地を中心に宿泊施設の損傷、加えて岩手と秋田（東成瀬村）を結ぶ国道路線がすべて通行止めになり、夏の本格的な観光シーズンを前に大きな損害を与える結果になった。宿泊のキャンセルは千件を超えた。

宇宙航空研究開発機構は、この地震で少なくとも震源域が約一メートル地殻変動したと発表した。

震源の真上の地表に当たる「震央」の西側にある村の地殻が、地震によって衛星から九四センチ遠ざかった半面、震央東側の岩手県一関市付近は約二四センチ近づいていた。

断層のずれに対応した変動とみられている。

地震の被害額は四億円を超え、村は激甚災害指定を国に要望した。

Ⅲ

仙人修行

二〇一七年七月は猛暑が続いた。

田植えが低温のために遅れ、稲の生育が心配されていたが、案の定、遅れをとりもどせないまま猛暑がやってきてしまった。

暑さも寒さも極端に針が振れるのがここ数年の異常気象の特徴だ。

成瀬川で釣り人を目にするようになった。イワナやヤマメ、アユ釣り目的の、村外の人たちのようだ。田んぼではアキアカネの羽化が始まっていた。

夕にはヒグラシも鳴き出し、本格的な夏を告げていた。

七月二十四日、秋田県内は集中豪雨に襲われた。

各地で甚大な被害が出たが、幸いなことに村の被害はほとんどなかった。一時は大雨警報が出されたものの集落の住宅地は成瀬川河川敷より高い位置にあり、洪水での被災危険箇所は限られている。住宅地の背後には中小の沢があり、崩れやすい地質構造の山地も少なくない。「土石流危険指定地」なので豪雨時にはそちらの不安のほうが大きいのだ。

「お盆前まで稲穂がちゃんと出るか」というのが農家の懸念だったが、無事に八月初旬には出穂が確認された。

迎え盆の八月十三日には、村内の田んぼの稲穂が出そろった。

お盆の夏祭りが村内のいくつかの集落で行われた。

田子内盆踊りや花火の打ち上げ、子供たちの太鼓や催し物の歓声が山里に響いた。

稲の出穂が始まった八月初め、村では三十三回を迎える「仙人修行」が開かれた。

毎年この時期の三日間、全国各地から応募した人たちが、断食、座禅、滝行、写経などに挑戦するイベントだ。五回参加すれば名誉仙人、十回で名誉村民、十五回で青龍仙人、二十回で白龍仙人の称号が与えられる。

定員は二十五人だが、毎年その数をオーバーする人気で、今年は二十七人が参加した。県内参加者はその三分の一で、全国各地から老若男女が集う。なかには村出身の大学生や、若い教職員や県職員、両親が村出身という女子大生など、関係者も少なくない。

近年、二十五人の定員はすぐに埋まる人気で、参加総人数は七百人を超えた。

募集はインターネット上のみで、リピート率は六〇パーセントに達するという。

もうすっかり村の夏の風物詩として定着した人気イベントだが、一九八四（昭和五十九）年の一回目は参加者が県外からわずか四名のみで、座禅と断食だけのシンプルなメニューだったという。二回目は参加者十三名。このあたりからテレビや新聞の取材が増えだし、三回目は二十四人の参加者があった。

修行メニューも年々充実し、二十四回目あたりからは座禅や滝行のほかに、参加者が自分の食べる野菜や山菜を自分で収穫、調理している。修行の合間には森林セラピーも組み込まれた。参加者からのリクエストで、騒がしい日常を離れて心身ともリフレッシュする「喧噪空間からのエスケープ」を修業の前面に強く打ち出した。

自然環境（水、空気、樹木、山菜）と直接触れ合う機会を多くした。

修行中の参加者たちは「修行中」と書いた鉢巻き姿。参加者に若い女性が多いのも特徴だ。

しかし、このイベントが、なにもかもが順風満帆に推移してきたわけではない。村が単独立村を決めたため、それでなくても忙しい村職員にとっては三日間、つきっきりで対応しなければならない激務になる。人件費削減、退職者補充もなく、職員の負担は大きくなるばかりで、職員内部からは「仙人修行は一度休んで、運営方法や内容を見直したほうがいい」という声まで上がったときもあった。内部崩壊の危機である。

けっきょくは佐々木哲男村長の「村をPRする重要なイベント。お金に替えられないものがあるから何とか頑張ってほしい」というツルの一声で存続が決まった。

小規模ながらもこれだけ長く続いているイベントは、村のファンを全国各地に育てている。地元のＮＰＯや商工会青年部やリピーターなどの協力でどうにか続いてはいるものの、今後ますます財政面や人手不足が厳しくなるのは間違いない。

このまま行政主導でできるのか、民間業者を入れて再出発するのか、問題は未解決のままだ。

「仙人修行」のタイムスケジュールを紹介しよう。

一日目、参加者はお昼前十一時に役場前に集合する。

開校式の後すぐに断食がはじまる。

役場から田子内にある永伝寺に場所を移し、昼からは座禅を約一時間。午後からは明日の行事である滝行のために自分の履く「わらじ作り」がある。その後に仙人山を散策し、バスで菅生田にある「上掵遺跡」を見学し、滝の沢地区で芋掘り体験をする。

夜は、なるせ温泉で汗を流して休息。バスで岩井川にある村のもう一つのお寺・龍泉寺に移動し、住職の講話とフリートークがある。その後は二回目の座禅があり、就眠は午後九時だ。男性は龍泉寺本堂で雑魚寝、女性は客殿に宿泊する。

二日目の起床は五時半。三回目の座禅をした後、本堂の掃除をして七時に朝食がでる。ここで断食は終了する。朝食のあとは写経がある。

バスに乗りトマトの収穫をする農業体験。そして今回のメインイベントである滝行に向かう。場所はホタルの里公園にある不動滝だ。自分で作ったわらじを履き滝つぼに入る。滝行の時間は男性が二分、女性が一分だ。十七メートルほどの高さから流れ落ちる水の勢いに堪えながら「南無釈迦牟尼仏」を唱える。

滝行が終われば昼食。午後からは「東成瀬村ふる里館」の見学だ。

上掵遺跡から出土した日本で最も大きな縄文遺跡である磨製石斧や勾玉づくり体験をする。

その後は岩井川のミニライスセンターから宿泊場所であるホテル・ブランまで四キロをウオーキング。ホテルで入浴のあとは夕食を兼ねた交流会があり、就眠は九時半。

三日目。起床は六時半。朝食の後バスで永伝寺まで移動し四回目の座禅。その後に「仙人認定式」があり、十一時には役場前解散で、すべてのスケジュールが終了する。この年（二〇一七年）の仙人修行では思わぬアクシデントもあった。

二日目のトマト収穫農業体験の際、前日にその畑にクマが出没し防除檻に捕獲されていた。参加者たちは農業体験だけでなく、捕獲された生（なま）クマを目の当たりにする得難い体験もしたのである。

それにしても、なぜ東成瀬村のシンボルは「仙人」なのだろうか。

仙人を選んだのはどんな理由なのだろうか。

村のシンボルとして「仙人」が登場したのは一九八四年のことだ。役場の住所が「東成瀬仙人下」だったことから、村は「仙人」を村おこしのキャラクターとして採用し、「仙人の郷」というキャッチフレーズを生み出した。より正確に言えば、秋田県観光連盟を中心に展開された「まごころ秋田観光キャンペーン」の一環として、ある意味無理やり生み出したキャラクターといってもいい。

なぜ仙人なのか、その根拠は乏しい。

口承などでは慶長年間（一五九六～一六一四）に福地氏という二人の兄弟が茨城県水戸市から仙人の御神体を背負って来て村に祀った、とされている。

その場所が仙人神社であり、仙人山という地名の由来だという。

その仙人山の麓にあるのが役場なので住所が「仙人下」になったのだそうだ。

村のシンボルとして「仙人」を起用してから四十年余の月日がたつ。

キャラクターはもう色あせて忘れられかけても不思議はないのだが、「東成瀬村＝仙人」というイメージは以前よりも強い光彩を放って定着している。

「仙人」のイメージに粘り強く執着することでブランド化に成功した稀有な例といえるかもしれない。

映画スター

郷土文化保存伝習施設「東成瀬村ふる里館」は村役場から車で一分ほどの場所にある。建物の敷地内には巨大な仙人像のモニュメントがある。

三階建てのしゃれた館内に入ると「暮らしと民俗」「仙北街道」「民具や農具」「マタギと鷹匠」「先人・著名人」などの展示コーナーがある。

その最上階展示室の奥に、会議や作業をするための空きスペースがある。ここでアルバイト（主婦）たちが週三回、上掵遺跡から発掘された土器や石器の修復作業をしていた。

上掵遺跡の石斧発見場所付近では、いまも住居や墓、祈りの場などの跡が見つかっており、矢じりややり、ナイフに石斧、石人形（岩偶）などがたくさん出土する。

その修復作業を見学させてもらった。

アルバイトの主婦たちは手慣れたもので、マッチ箱のような小さな破片を器用に組み合わせ、形あるものに仕上げていく。

「よく、どの部分がどれと合わさるのか、わかりますね。何かコツか約束事があるんですか」

「それは内緒です。桜田メソッドですから」

笑顔ではぐらかされてしまった。

本当かどうかはわからないが、長くこの作業を続けていると、なんとなくどれとどれが合わさるのかが見えてくるのだそうだ。

この「ふる里館」の「先人・著名人のコーナー」には、ある人物の写真パネルがひときわ大きなスペースをとって展示されている。

東成瀬村出身の映画スター、高田稔である。

この展示を見るまで、こんな村出身の俳優がいたことすら知らなかった。

展示の解説などを参考にしながら映画スター高田稔の生涯をたどってみよう。

高田は一八九九（明治三十二）年、東成瀬村の旧家に生まれている。

子供のころから勝気で小学校ではガキ大将だったという。

遠い湯沢にある小学校に入学し、寄宿舎生活だったが、日曜日には歩いて親元のいる村まで帰って来たという。三十キロはゆうにある距離だ。

高田家は秋田藩の御典医を務めた家柄で、稔少年も中学からは東京の姉の家に同居し、医者になるために独逸学協会学校中等部（現在の獨協中学・高校）に入学している。

しかし東京での暮らしは刺激が強すぎたようだ。

親の期待に反発し、十五、六歳になると街の灯を慕うようになる。多感な少年の心を奪ったのは「浅草オペラ」だった。もちろん父親は猛反対だったが、稔の信念は変わらず、ついには医者の道を捨て、東洋音楽学校（東京音楽大学の前身）に入学する。

一九一八（大正七）年には浅草六区の歌劇一座に加入するが、座長が病気で一座は解散、悲運に泣いた。

翌一九（大正八）年には歌川八重子の一座と提携し、オリエンタルオペラ協会を組織。

この時、稔はまだ二十一歳の若さである。時代はロシア革命の直後。その革命への干渉を目的とする出兵が始まり、一九二〇（大正九）年暮れには、稔も入営し陸軍騎兵少尉としてシベリアに赴いている。

除隊後、高田は本格的な映画俳優としてデビューを果たす。

一九二九（昭和四）年には松竹蒲田に移籍。このときの第一回の主演作品が小津安二郎監督の『大学は出たけれど』である。共演者は田中絹代で、小津一流のユーモアとペシミズムのある佳作として評価が高い作品といわれている。

これが映画俳優の新たなスタートになったが、同じ年に小津と組んで『結婚学入門』など二本を撮っている。この当時の男優スターと言えば岡田時彦、鈴木伝明などで、高田もこの二人と並んで「松竹三羽烏」といわれた存在だった。

その人気がピークに達したのは一九三七（昭和十二）年、東宝移籍の第一作『良人の貞操』と言われている。第二次世界大戦中は戦争映画『決戦の大空へ』『加藤隼戦闘隊』などに出演、戦後は主役から脇役にまわるようになり、多くの作品に出演した。

そして一九七七（昭和五十二）年、東京で死去、享年七十九だった。

展示パネルやプロフィールを見て驚いたのは、その華麗な芸歴である。当時の人気監督や脚本家から「使いたい俳優」として当時は引っ張りだこのスターだったのだ。

私事になるが、発売されている小津安二郎監督作品はほとんど観ている。大好きなのだが、見ていない作品が一本あった。それが『大学は出たけれど』なのである。この作品の主演男優が高田稔である。

小津が生涯で創った映画作品は五十四本だ。うち現在フィルムの確認できる作品は三十六本。そのなかにはフィルムが完全な形で残っていないものや、ビデオやDVDで発売されていないものもある。

その一つが『大学は出たけれど』だ。小津の十作目の作品になる七〇分の作品だが、現存するフィルムは断片を繋いだ一一分の短縮版のみなのである。これでは販売も難しい。そこで小津の他作品の予告編を「付録」としてつけ、かさましをしてVHS（定価三八〇〇円）で市販した作品である。

『大学は出たけれど』の舞台は、一九二九（昭和四）年の東京である。

第一次世界大戦後の慢性的な不況の下で、大学を出た野本徹夫（高田稔）は面接で「受付でもいいのなら（就職させてやる）」と言われ、怒って下宿に帰ってくる。

郷里には「就職が決まった」と電報を打ってあったため、郷里の母と一緒に婚約者・町子（田中絹代）が上京してくる。

二人は一緒に暮らし始めるが、無職に気が付いた町子はカフェで働き始める。

そのカフェに友人とたまたま入った徹夫は「誰があんなところで働けといった」と妻を叱るが、あとで「俺がのんきだったせい」と猛省。同じ会社の面接を再度受け直し、正社員として採用される……。

モノクロのサイレント版だが、すでに庶民の暮らしを詳細に描写する小津の作風の骨格がしっかりと作品に芽吹いている。

この作品が公開されたのが九月で、翌十月十四日にはニューヨーク・ウォール街の株式大暴落が始まり、世界大恐慌が起きている。

日本国内でも失業者は三十万人を超え、中でも知識層の就職難は深刻で新卒大学生の就職率は四割という時代だった。

そのため、この作品は昭和初期の世相を象徴する作品として「流行語」になり、小津の名を歴史に残す結果になった。

『大学は出たけれど』を観ると、主演の高田稔は佐多啓二に似たスラリとした美男だが、佐田よりも眼光鋭く、瘠せた体型の中に強靭な意志の力を感じる。

映像の中の高田の彫りの深い顔や姿から、秋田や東成瀬村の影を見つけるのは困難だ。白い麻のスーツを着こなし、スマートな立ち振る舞いで都会的オーラを発散している。

それでも、生涯を資料の中に克明に追ってみると高田稔と秋田をつなぐかすかな接点も見えてくる。

稔が医者から映像の世界へ舵を切ることになる一九一八（大正七）年、資料では「浅草六区の歌劇一座に加入」と書かれている、その一座とは石井獏一座である。

石井獏は秋田出身の舞踏家である。高田は当然そのことを知って石井の歌劇団の門をたたいたのだろう。石井との接点は「秋田」という共通項だった、というのはうがちすぎだろうか。

石井が病気のため歌劇団は高田が加入してすぐに解散してしまうのだが、ここが高田の大きな人生のターニングポイントでもあったは間違いない。

それにしても大正末期から昭和二十年代半ばまで、高田は五十本以上の映画に主演し、原節子や水谷八重子、田中絹江らそうそうたる大女優たちと共演している。

間違いなく日本映画全盛期の大スターだ。

それが今は、秋田県人はおろか東成瀬村の人たちすら、高田に興味を抱く人が皆無なのはさびしいかぎりだ。

テレほん君

増田寄りにある国道の手動式信号機で一人の少女が信号待ちしていた。

民家より田んぼのほうが目立つ場所にある信号だ。

信号が青になり、少女は渡り終わると踵を返し、停止している私の車に向かって深々と一礼した。そして向き直ると反対側の対向車にも一礼し、何事もなかったように走り去った。

たぶん、いつもそうしているのだろう。少女の振る舞いは自然で、さりげなかった。

感動が電流のように体を走り抜けた。

児童たちのこうした礼儀正しいふるまいは、何度か村の中で目撃している。

この信号を過ぎ、村に入ると国道三四二号上に信号はもうひとつもない。

いや村の国道にはないが、小・中学校の入り口のある脇道路には歩行者用信号機が一基だけ設置されている。

児童が社会に出て信号機を知らないのは問題だ、という教育的配慮によって設置された、いわば社会科教材の信号である。

その信号機のある道路の山側に中学校があり反対側には小学校。小学校の隣は「なるせっ子夢センター」で図書館や保育園も入る児童館である。

児童館の図書室には図書館司書がいる。

「読書」を教育の大きな柱にしている村が独自予算で雇い入れている。市町村レベルでは珍しいケースのようだ。「読書が人を育てる」という、村長や教育長の強い理念が後押しして可能になったことである。

「なるせっ子夢センター」は保育園・児童館・図書室が一体となった複合施設だ。一階が保育園、二階が児童館と公民館図書室、お隣が小学校で、渡り廊下でつながっている。児童館は学童クラブにもなっていて、放課後の小学生たちの居場所でもある。

図書室に司書の菊地優子さんを訪ねた。

一九九六（平成八）年、湯沢市から村に嫁ぎ、〇九年からこの職に就き、そこからずっと司書の仕事をしている。身分は村の教育委員会職員だ。

「環境的には、この場所にいるだけで赤ちゃんから小学生までトータルな読書指導ができます。恵まれています」

と菊地さんは笑う。

「小学生に六〇万円、中学生で五〇万円、村民用が八〇万円の図書購入費をいただいています。他の市町村のように減額もされず、この額を維持してもらっているのが、ありがたいですね」

前にも述べたが、児童一人当たりの図書購入費は全国平均が千四百円程度だ。村は児童一人あたり六千円の図書費を計上している。

読書活動は活発で、赤ちゃんが生まれた時点からその活動はスタートする。「七か月健診」から「ブックスタート事業」なるものが用意されているのだ。

赤ちゃんが最初に読む絵本を司書が親に提供し、読み聞かせの大切さを指導する。

村の読み聞かせボランティアによる「つくしんぼ」と、司書は緊密な連携をとりながら、慎重に本の選定をする。

小学校では朝の十分間を読書の時間に充てている。

その選書指導も菊地さんの担当だ。

それ以外にも月に一回、自分自身で十五分ほど読み聞かせも行っている。小学校には週二回、中学には週一回、図書係の生徒や先生とコミュニケーションをとり、本の注文や要望を聞く。学齢による区別や枠はできるだけこだわらない。

赤ちゃんから中学生まで、切れ目なく時間と体験がつながっている。

小さなコミュニティの利点を生かしきめ細かな読書指導ができる。

「小さなこと」が村の財産という考えが徹底、共有されている。

「いろんな枠を取っ払うほうがいい。一体的にやるのが効果的だ。

財政面でもそっちのほうが効率的」というのが村長の一貫したポリシーだ。

基本的に大切なのは「読書が人を育てる」という理念を教育関係者と保護者が共有することだ。

中高校生が通学バスを待つ間、この図書館に寄り、本を読んで時間をつぶす光景もよく見かける。赤ちゃんを迎えに来た母親が、そのついでに本を借りていく。

「小さな子が絵本を読みに来て、中高生たちが勉強しに寄る。つられて大人も一緒にここに来てしまう。年齢も個性も違うものが触れ合うことこそ、最大の勉強の場」

これが鶴飼教育長の持論だ。

「本を読むと語彙が増える。語彙が増えるとコミュニケーション能力が芽生える。本を読むことで異質のものに触れあい、他人の話をきけるようになる」

本は知らない世界への扉だ。


「書店ゼロの街2割超―420市町村・行政区」(朝日新聞　二〇一七年八月二十四日)。

書店が地域に一店舗もない「書店ゼロ自治体」が増えている。

全国の書店数はこの十五年ほどで四割強が減った。ネット書店に押され、経営者は高齢化し、コンビニの雑誌販売などの影響で、本屋は瀕死の状態だ。

しかし、東成瀬村にはこれまで一度も書店が存在したことはない。

最初から書店ゼロの村だ。最も近い書店はお隣の増田にあった。定期刊行の雑誌などはそこに注文して取りに行くのが常態だった。

もう十五年ほど前になるが、佐々木哲男村長から私が個人的に相談を受けたことがあった。

「村に一軒も書店がない。ネットでもいいから書店を村に作ることができないものだろうか」

インターネットが普及し始めたころだ。増田まで行けば書店で本を買うことはできるが、「読書が人を育てる」という理念を具現化するためにも、村に書店があれば言うことはない。

村長の選挙公約にも「村に書店を誘致したい」と掲げていたほどだ。

「面白そうですね。プランをつくってみます」

少し工夫をしてネット通販を活用すれば、過疎の村でもネット書店なら可能だ。村長もリアル書店を望んでいるわけではない。

私の基本構想はいたってシンプルなものだった。

役場の片隅にパソコン一台とオペレーターを置く。

村民はほしい本をメールや電話、ファックスで申し込む。

即座にその本は役場からネット書店に注文が出され、数日後（二日から一週間）、本は届く。

本は役場まで取りに来てもらう（か、職員が配達する）。

ネット以外にも県立秋田図書館の蔵書貸し出しサービスも同じような仕組みで代行する。

県庁では毎日「市町村便」として各市町村に荷物の宅配をする。その便に貸し出し本を一緒に載せてもらう。

「東成瀬村住民サービス課　村営ネット書店〈テレほん君〉」

という書店名も考えた。

村も真剣に対応してくれ、役場職員一名を研修のため、私の事務所に派遣してくれた。

二〇〇二年春、ネット書店は事業委託を受けた村の社会福祉協議会シルバーバンクが窓口になって運営を始めた。

日頃、福祉サービスで村内巡回しているシルバーバンク推進員が、注文を受けた本を無料で配達、集金することになった。

この時点で村の高齢化率は三一パーセント。ほぼ三人に一人が六十五歳以上で、インターネットの普及率は一割程度だった。

「テレほん君」は評判も上々で利用者数も少しずつ増えたが、このころから個人のインターネット普及率も飛躍的に上がった。

個人でネット書店を利用する村民が増え、逆に公営のネット書店はその役割をすぐに終えてしまった。

沼倉君と国際教養大学

県外の人から「秋田は教育県ですよね」と言われることが多くなった。毎年上位にランクされる小・中学生の「学力テスト」の影響が大きいのだが、もう一つ、秋田市にある国際教養大学の存在も、その県外評価に大きく寄与している。

「世界大学ランキング」を毎年発表している英教育専門誌「タイムズ・ハイヤー・エデュケーション」が、二〇一八年三月に発表した「日本版大学ランキング」では東大、京大、慶応、早稲田と並んで十二位に国際教養大学がランキングされている。

「秋田から世界に通じる人材を育てよう」と国際教養大学が開学したのは二〇〇四年のことだ。本来は前年の〇三年に開学予定だったが、経営難ですぐに消えたミネソタ州立大秋田校の二の舞を心配する県議会の反対などがあり、開学が一年遅れたのだ。

国際教養大学は、その消えたミネソタ州立大学秋田校の校舎や宿舎をそのまま利用する形で開校した。東京外国語大学元学長の中嶋嶺雄が学長に就任し、「英語で学ぶ英語で考える」授業をベースに、少人数教育、一年間の海外留学を義務付けた。海外とのコミュニケーション能力重視のカリキュラムを組み、グローバルビジネス課程（経営学）とグローバルスタディーズ課程（国際関係論）の専攻を設けた。

従来の日本の大学にはない教育システムの意外性が注目され、開学当初から入試倍率は十倍を超え、卒業生も外資系企業や大手製造業などに就職して就職率百パーセントと喧伝されている人気の大学だ。

大学は秋田空港の横手にあり、秋田市中心部に出かけるにはバスや鉄道を使って一時間以上かかる辺鄙な場所だ。交通の便が悪いので学生は勢い学内で過ごす時間が多くなる。徹底的な少人数教育で、勉強に集中する環境は整っている。

〇七年から始まった学力テストで「学力日本一の村」といわれる東成瀬村の児童たち、〇四年に開学し、独特の教育システムで大企業からの就職オファーが押し寄せる国際教養大学――この二つの教育環境は驚くほど似ている。

どちらも教育視察があとを絶たないのも共通している。


村出身の国際教養大学の卒業生が一人だけいる。一九九一年生まれの沼倉悠介君だ。沼倉君は現在、東京・丸の内にある日立製作所本社人事部に勤務している。

東京駅で待ち合わせをして話を聞くことにした。

沼倉君は茨城県で生まれた。もともと東成瀬村出身の父親が茨城県内の病院で働いていて、そこで母親と出会い、結婚。沼倉君は三歳の時、家族で村に戻ってきた。

父は村で治療院を開院しており、母は湯沢市の職場で働く共稼ぎ家庭だ。

沼倉君は小学生のころから成績は良かったが、スポーツのほうの実績もすごい。中一、中二では湯沢雄勝郡内陸上大会一〇〇メートル走で連覇、中三の時は一一〇メートルハードルで県大会三位に入賞、東北大会に出場している。

中学二年の時は生徒会長に選ばれている。バスケットでは秋田県選抜にも選ばれ全国大会にも出場しベストエイトまで勝ち進んだ。まさに文武両道の人なのである。

「中学時代は本当に楽しかった。小さな学校だから思い切った自己主張ができた。生徒会長なんてマンモス校なら絶対やれなかった。小さな学校だったのが、自分にはとても幸運だった」

高校は増田高校に進む。県南部のどこの高校にも合格できる成績だったが、選択の基準はバスケットバールだった。増田高校は近隣の高校では断トツにバスケの強い高校だったのが決め手になった。余談だが東成瀬村の児童たちに人気の高いスポーツは昔からバスケットボールに野球、卓球にアルペンスキーといったあたりで、全県優勝などの実績もある。

大学は秋田市内の大学見学会で国際教養大学を見て即決した。

外国人の多いのが決め手だった。

バスケットボールの影響でアメリカ人や英語が大好きだった。

「高校時代も外国人英語教師をつかまえては会話したり、英語で質問攻めにしていました」

高校でも成績はトップクラスだったが国際教養大には「推薦枠」がある。

高校で一番になれば文句なくその推薦枠で教養大学にはいれる。

「そこまで計算に入れて、高校時代はちゃんと勉強しました」

計算通り推薦は問題なくとれ、国際教養大に入学する。

しかし問題はここからだった。

教養大では入学と同時に「TOEFL英語検定」の成績順にクラス分けをする。

TOEFLは「Test of English as a Foreign Language」の略で「外国語としての英語テスト」とでも訳すのだろうか。アメリカのNPOである教育試験サービスが主催する、非英語圏の出身者を対象とした英語能力測定テストだ。

沼倉君は最低成績者だけのクラスだった。自分以外は全員が女性で、まずはこのクラスを抜け出すのが目標になった。だが周りのレベルがあまりに高く、努力してもそのクラスを抜け出すのは難しかった。周りはもっと勉強するからだ。

毎日課せられる課題をこなすため授業が終わると二四時間開館している図書館で夜一時過ぎまで勉強した。

それでも日常の外国人教師の授業を理解するのが難しかった。

「ずっと優等生だったけど、はじめて劣等生に真っ逆さまです。とても立ち直れないような挫折感でした」

成績の基準は毎月のように行われるTOEFLテストの点数である。

点数の高い順に一年間の海外留学先も決まっていくシステムだ。

「劣等感にさいなまれ、何度か真剣に退学も考えました」

それでもどうにかギリギリの成績で留学する権利は得た。

留学先に選んだのはアメリカのコロラド大学だ。

ここでもバスケットの国、英語の国へのあこがれが何よりも優先した。

大学の寮で同室になったインド人留学生の訛りのきつい英語には閉口したが、アメリカで一挙に視野は広がった。英語の会話力も上達した。

「コロラドで何かが劇的に変わりました。吹っ切れたというか、アメリカでの日々は楽しくて、もう帰りたくなかったほど」

コロラドから帰ると授業についていけるようになっていた。

大学生活が目に見えて楽しくなった。

就職は、大学の就職説明に来た日立製作所の人を見て好感が持てたので決めた。

こんな人になりたいと素直に思った。

もともとメーカー・エンジニアに興味はない。就職説明のような人事的な、広く人と接するマネージメント系の仕事がしたかった。その人と会って、自分の中にある希望に気が付いた。多くの人のためになる仕事がしたかったのだ。

「茨城で生まれて、そこにいた常陸太田から転封した佐竹氏の秋田で育ち、仕事は茨城県日立市が本拠の会社。なんだかちょっとできすぎですね」

将来は親孝行したいが、村に戻るという選択肢は今のところない。

「お盆や正月はちゃんと村に帰ります。山形新幹線で新庄で降りると母が迎えに来てくれます。だから東京から村はそんなに遠いという印象はないんですよ」

職場で東成瀬村の話をすることはないが、職場の同僚たちは「東成瀬村＝学力が高い」という情報はすでに持っているそうだ。テレビで何度も紹介されている影響だそうだ。

「でも〈学力日本一〉というのは僕の後輩たちの実績です。僕は中三で初めて学力テストを受けましたが、その時の成績は公表されていませんから」

一度、授業中に学校の近くにクマが出没、注意報が出たのもいい思い出だ。

留学中に尊敬する中嶋嶺雄学長が急死したのもショックだった。

小中時代は多くの村の人たちに見守られて勉強やスポーツに集中できた。

そのこと自体は特別なことではなく当たり前のことだと思っていた。

村と教養大の類似点も考えたことはないが、「どっちも勉強する環境が最優先で整えられていることですかね、共通点は」と結んだ。

アンテナ居酒屋

沼倉君の取材を終え、同じ東京都内の神楽坂に向かった。

村と関係の深い人物がここで飲食店を経営しているので訪ねてみた。

ＪＲ中央線・飯田橋駅西口を出て、道を右に曲がれば神楽坂、左に曲がれば九段下の靖国神社だ。

右に折れてまっすぐ進むと、テレビや雑誌でよく紹介される神楽坂商店街の坂が続く。坂を上り終えると大久保通りで、ここを通り過ぎると同じ神楽坂でも地元の人たち専用の観光化されていないスーパーや本屋さん、日用雑貨店などが軒を連ねる商店街になる。

この商店街の一角にちいさな居酒屋「むらむすび」はあった。

約三〇平方メートルの細長い店内にカウンター席が六席、二人掛けテーブルが三つ。夜だけの営業で、東成瀬村の食材や、日本に存在する一八三の村（二〇一七年四月現在）の食材を選んで使った料理を提供する店だ。

毎月ひとつの村にフォーカスして、その村の食材をメインに料理を出す。訪れた日は「長野県栄村」がメイン料理で「塩煮イモ」や「こんにゃく田楽」「夕顔と豚肉の煮物」などがメニューに並ぶ。「秋山郷」と呼ばれるマタギの里のあるあたりだ。

店内では料理人と接客女性、それにマネージャーの若い三人の若者が働いていた。

六時の開店と同時に入ったので客は私一人。秋田から来たことを告げて、さっそく漬物の盛り合わせを頼むと「ちょろぎと平良カブの漬物」がでてきた。もちろん東成瀬村産だ。

秋田の酒は置いていなかったので焼酎を飲みながら、従業員と東成瀬村についておしゃべり。三人ともまだ東成瀬村に行ったことはないという。料理を作る関係で村に関する勉強はしっかり積んでいるようだ。

「近く東成瀬村に行く予定です。楽しみです」と料理人は言う。

食材を生み出した土地を知っているのとそうでないのでは料理への愛着も変わってくるそうだ。

メニューには栄村や東成瀬村だけでなく、北海道の島牧村、新潟の粟島浦村、熊本の相良村、鹿児島の三島村といった村の「サラダ」や「あて」「揚げ物」が並ぶ。店の雰囲気にすぐなじんだので、「油揚げの麹南蛮味噌焼き」や東成瀬村産の「短角牛のローストビーフ」を注文、最後に「村のごはんセット」でしめた。ご飯はもちろん東成瀬村産あきたこまちだ。

この「むらむすび」のオーナーは秋田出身の佐藤喬さんだ。

佐藤さんは一九七六年に秋田市に生まれた。

父親は地元の銀行員で小さいころから県内各地を転勤して歩く転勤族だった。

「三年ごとに住む場所は違っていました。くまなく県内各地を歩きましたが、中高時代は秋田市で、両親は矢島町へ赴任していたので、ひとりでアパートを借りて住んでました」

「むらむすび」の横手の小路を一〇〇メートルほど裏に入った住宅地の一角に、佐藤さんの経営する複数の飲食店を統括する本部である「離島キッチン」がある。その本部もまたレストランになっている。

「むらむすび」は、東成瀬村に佐藤さん自身が設立した「スモールエレファント」が経営主体だが、その本社は「株式会社　離島キッチン」の住所になっている。

離島キッチンは現在、社員二十二名。アルバイト六名で運営している。

本社を開店前に訪ねると、レストランのいたるところで二、三人単位に分かれてミーティング中だった。

「離島キッチン」がオープンしたのは二〇一五年、島根県・隠岐島の海士町観光協会の出資で設立した。

佐藤さんと海士町の関係に触れる前に、佐藤さんの生い立ちをもう少し追ってみよう。

佐藤さんは県内トップの学力を誇る秋田高校から早稲田大学理工学部に進んだ。

専攻は応用物理。が学業には一向に身が入らず、映画にはまり、四年生の時にはホンダのカブに荷物を積んで、日本全国を野宿しながら放浪の旅に出た。

「地方の出身者なのに、そのころからなぜか地方にひかれていました」

という変わった大学生だった。

大学院に進んで半導体の研究に取り組んだが、映像への思い立ち切れず一年半で中退、番組制作の老舗「テレビマンユニオン」に入社する。

映像の監督や演出への興味を断ち切れなかった。

その映像会社で働いた後、今度は小さな広告会社に転職する。

結婚もして、このままで一生を過ごすのかと悩みだしたころ、ネットの転職サイトで「海士町観光協会行商人募集」を知った。

海士町がどこにあるかも知らなかったが、「行商人」という時代錯誤の言葉が新鮮で、応募すると、見事採用になった。

しかし月給は手取り九万円、町が用意したキッチンカーに町から仕入れた魚貝や野菜を乗せ、東京で売り歩く仕事だった。

なかなか業績は上がらなかったが、デパートの催事会場などにも積極的に出店、売り上げは徐々に伸びていく。でも大きな展望が開けたわけではない。

ある日、戊辰戦争の奥羽列藩同盟のことが閃いた。全国にある同じような悩みを抱えた離島が列藩同盟のようにつながれば、もっと大きなビジネスになる。

「離島キッチン」という名前も同時に閃いた。

二〇一五年、神楽坂六丁目に「離島キッチン」をオープンさせた。

翌年四月「株式会社　離島キッチン」を海士町との共同出資で設立。

食材の六割が海士町など隠岐島産で、あとは屋久島や小豆島、徳之島や八丈島の食材を供するレストランだ。

東成瀬村と佐藤さんの関係も興味深い。

佐藤さんは二〇一三年、東成瀬村の地域おこし協力隊に応募している。

きっかけは海士町で見た「日本で最も美しい村連合」のポスターだ。

遠い島根県で、ふるさと秋田にも海士町と同じような美しい村があることを初めて知った。

人口減に悩む地方自治体が都市住民を受け入れ、農林業の応援や住民支援などに従事してもらい、あわよくば定住を図るのが「地域おこし協力隊」の目的だ。

佐藤さんは村に入るやいなや「村人プロジェクト」というサイトを立ち上げた。

そして村役場と交渉しアンテナショップの開設を提案する。

「協力隊では一応三年間、東成瀬村にいたことになるんですが、実際はアンテナショップのため全国を飛び歩いていたので、実質村にいたのは半年というところでしょうかね」

翌年には村内に「(株) スモールエレファント」という会社を設立。

その二年後の一七年四月、東成瀬村アンテナ居酒屋「むらむすび」を開店する。

村では国の地方創生交付金二二〇〇万円を活用し、佐藤さんの「スモールエレファント」にアンテナショップの経営を移譲するという形だ。

出店の費用と店舗賃料は村持ちで、佐藤さんは店の企画と運営を担当する。

離島キッチンの方は、この数年で五軒ほどまで新店舗を増やす予定で札幌や瀬戸内に、佐藤さんは頻繁に足を運んでいる。

佐藤さんがすごいのはこの起業を自己資金ではなく海士町や東成瀬村の資金応援で実現したことだ。

村では三年間は資金援助を継続する予定で、一八年度からは自力経営に切り替わる。

「学力日本一のブランド力があるので、村に高校や大学をつくって人口を増やせないか、いま真剣に考えてます」

村の一番の思い出はと訊くと、

「雪の多さに驚きました。借りていた家の雪下しを一日六回やった時は、さすがこれは、と思いましたね。それと村で食べる朝ごはんがおいしくて、びっくりしました」

仙北街道を歩く

朝三時起床。まだ明けやらぬ薄暗い高速道を急ぐ。

前日、大曲の花火大会があり、その帰宅渋滞に遭遇する危険あった。

そこで早めに家を出たのだが、渋滞にあうことなく六時半には集合場所の東成瀬村「まるごと自然館」に到着した。

まだ八月末なのだが気温は十二度。あまりの寒さに山用レインウエアーを引っ張り出す。

集合場所で開会式があり、そこからマイクロバスに乗り三〇分ほど山道を走り、林道終点地点まで移動。

今日の参加者は三十名、このメンバーで岩手側大寒沢林道終点をめざして歩き出す。

古の道「仙北道」（せんぼくみち）現地調査の山旅だ。

本来の「仙北道《せんぼくみち》」は東成瀬村手倉から岩手県奥州市胆沢区若柳の下嵐江《おろせ》までの二四キロ（約六里）をさす。今回の現地調査は秋田側林道終点から、岩手側大寒沢林道終点までの約一二・三キロのダイジェスト・ルートだ。

七時一〇分、村の長老（友信じっちゃ）が、マタギの古来の儀式にのっとり祝詞とお神酒をささげ、山への感謝と無事を祈る神事を執り行う。

参加者三十名の内訳は岩手側から四名の参加と、私のように村外からの応募が七、八名で、残りは村の人たちである。主催は村の教育委員会だ。

歩き始めて一〇分も経たない場所に、仙台藩と秋田藩の藩境塚があった。仙北道コースの約九割は昔の仙台領に属する山域である。

歩き始めて一時間二〇分、街道の最も標高の高い柏峠山頂（一〇一八メートル）に到着。といってもスタート地点の姥懐（林道終点）がすでに八〇〇メートルを超える標高だから、平坦なブナ林を二〇〇メートルほど登れば最高峰に到達できる。

菅江真澄の『雪の出羽路』には「手倉山とて、いと高き山あり、そこを手倉越へという〈くにののり〈法〉犯したるもの、この峠を越して追いやらうことあり〉その大山をこゆれば、みちのおく胆沢郡下嵐江という処に出るとなむ」とある。

大山とは柏峠のことなのだろうが、気になるのは〈くにののり犯したるもの〉という箇所だ。仙北道はその昔、軍事の道でもあったが、基本的には生活の道であり、旅人の通路であり、そしてキリシタンらの「のり犯した」者たちの逃亡の道でもあったのだ。

険しい山道なので大名行列が通った記録はないのだが、津軽の殿様が手倉越えした、という記録が地元には残されている。しかし公的な史誌にはないから、たぶん現地の〈言い伝え〉の類いなのかもしれない。

一八二一（文政四）年、津軽と南部の間で「山争い」があり、南部の相馬大作が秋田の矢立峠において津軽の行列に大砲を打ち込もうとした事件があった。そのため津軽の殿様は南部を通ることが不可能になり、やむなく手倉を越えた、というものだ。

大名行列には多数の強力《ごうりき》が帯同していたとはいえ、六里あまりの山道を仰々しい荷を背負って越すのだから、本当だとすれば大変な道中だったに違いない。

柏峠山頂からは山ノ神、巨大ブナがある栗畑、中山小屋と標高を下げながら、街道の中間地点ともいえる小出川（胆沢川の支流）の河原に出た。

「小出の越所」と呼ばれ、古の旅人たちの宿泊場所だった河原でもある。

ここまで四時間。川べりの大きな石に腰かけて、水量の増した川を見ながらランチ。

前日までの大雨で水位は増し、渡渉では長靴にジャブジャブと水が入ってくる。

この峠は登山靴では無理だ。なにせ大小取り混ぜ渡渉が九回近くもある。その都度、登山靴を着脱していれば日が暮れてしまう。

長くつを履いてきたのは正解だった。

大胡桃山からは下りが続く。七時間近く歩き通しなので、この下りで足腰の疲労から転倒する人が多くなった。山は登りよりも下りが危険なのだ。

転倒を気にかけながら下り続けること一時間、標高七〇〇メートル地点にある岩手県側の大寒沢林道終点にゴールした。

約八時間のブナ林の気持ちのいい古道歩きだった。

ゴールには横断幕と冷たい飲み物と帰りのためのマイクロバスが待っていた。

奥羽山脈をこえて秋田の「仙北」地方に通ずるルートなので、仙台領側からみた名称は「仙北街道」である。

「仙北道」という名前の由来には説明が必要だろう。

その昔、秋田の仙北、平鹿、雄勝など県南部は、ひとまとめに「山北」と呼ばれていた。「山」というのは秋田と山形の県境にある神室山（一三六五メートル）のことだ。この神室山の北側にある地域という意味だ。その「山北」がいつのまにか「仙北」と漢字表記が変化し、今に至っている。しかし、秋田側から見れば仙台藩に通ずる道だから、昔は「仙台道」といっていた。村人たちは好んで「仙北道（せんぼくみち）」という独自の言い方をする。

仙台領（現在の岩手県南部）から見れば「仙北街道」や「秋田道」という名称が普通だが、秋田側からは「仙台道」「仙北道」「手倉越え」といった名称が普通である。

その昔、商魂たくましいといわれる水沢商人と増田商人は、互いの「おいしい」市場に目をつけ、双方がこの手倉越えを繰り返した。

その際、東成瀬村の村人たちは数名が一組になって荷を背負い、山を越え、行商人として汗を流した。当時は主に仙台領内を盛んに行商して歩いたので、そうした東成瀬の人たちを「仙台歩き」とも呼んでいた。

今は岩手県になっている奥州市水沢地区との交流は深く、「男なら水沢男、女なら秋田美人」と言う言葉も残る。

車道の発達などにより、現在は奥州市・下嵐江から手倉へ至る六里（二四キロ）の古道の部分を仙北街道と呼ぶ。

千年を超える長い歴史をもつとされる仙北街道だが、大正時代に北上—横手間に国道一〇七号が開通すると、人知れず地図からも人々の記憶の中からも消えていった。

その名前が突然よみがえったのは八十年後のことである。

一九九〇（平成二）年十月二十一日と二十二日、まる二日がかりで、岩手県胆沢町愛宕公民館の有志たちが捜査隊を組織して、道に迷いながらも東成瀬村手倉口に到着した。

ここから消えた道に歴史のロマンを追う活動が始まった。

仙北街道が眠りから目を覚ました記念すべき調査踏破の日である。

翌年は東成瀬村からも調査隊が組織され、手倉から胆沢町までの踏破が試みられた。以後、交互に調査交流ができるようになり、道しるべの標柱設置や案内板も整備された。

深い藪に埋もれていた古道に一条の光が差し込むことになったのである。

一九九六（平成八）年、東成瀬村に「仙北道を考える会」が発足した。

一九九八（平成十）年には岩手県胆沢町で「仙北街道を考える会」が結成された。二〇〇四（平成十六）年には廃校になった椿川小学校を利用した「まるごと自然館」が開館し、ここが仙北道を考える活動の拠点となる。

以後、岩手・宮城内陸地震や東日本大震災で中止になった年もあったが、今回で交流は二十三年を迎えたのだ。

ゴールの大寒沢林道からマイクロバスに乗り、国道三九七号を通り東成瀬村へ戻ってきた。徒歩ならで八時間もかかるが、車では一時間半だ。

温泉につかり打ち上げ。会場には佐々木村長や鶴飼教育長なども出席していた。宴席で意外な発言があった。

岩手（奥州市）と秋田（東成瀬村）の双方で予算を組んで行われているこの行事だが、岩手側が来年から予算化するのは難しい、という申し出て来たのだ。

市町村合併がその原因だという。そのことを村長にただす一幕もあった。

市町村合併によって、町村単位で営々と持続してきた小さな文化事業は次々と廃止になっている。岩手側と合同山開きを行っていた焼石岳も同じような理由でいまは中止になっている。来年の開催は大丈夫だろうか。

墓とキリシタン

村の国道から裏道（生活道路）に入ると、突然、物陰から大きなトンビが飛び出してきた。驚いて急ブレーキをかけた。よく見るとワインレッドの絶妙な彩色を施した模造品だった。「トンビ凧」である。農作物を荒らすカラスやスズメなどの害獣対策用で、村の田畑など、いたるところに設置されている。いわゆる「鳥おどし」だが、風まかせでアトランダムに動くので効果抜群だという。

「去年あたりから村で爆発的にヒット中、農家の必需品だよ」と農家の人はいう。学習能力のある鳥たちは、動かない案山子や大きな目玉風船、爆竹にはすぐに慣れ、無害なものと学習する。その点、このトンビ凧は動作が予測できず、不意打ちのように目の前に現れる。偽物とわかっている人間ですら、その動きの自然さに驚いてしまう。大きさや色、風に舞い上がるさまが実にリアルでトリッキーなのだ。

村を走っていて目に付くのは道路脇で見かける集合墓だ。

道路脇の小高い丘に五〇基から一〇〇基ほどの墓が固まっている場所が、少なくとも村には七、八カ所ある。お墓はお寺にあるもの、という固定観念がある都市住民なら驚く光景だろうが、山間部の村では今もよく見かける風景の一つだ。

村では「墓は寺より家のそばにあるもの」というのが常識だ。

村には二つ寺院があるが、その寺の境内にある墓よりも路傍にある墓の数のほうが圧倒的に多い。

「家とお墓が近いといいですね。お坊さんはどうするんですか」

「家に来てお経をあげる家が多いですね」

昔から遺体を埋める場所と、供養を行う場所を分ける「両墓制」は普通にあった。埋墓（うめばか）と詣墓（まいりばか）というようだが、継続的に参詣の対象になったのは詣墓の方だそうだ。

骨のある墓よりも霊のいる墓の方が大事とされていたのである。

佐藤弘夫『死者の花嫁――埋葬と追憶の列島史』（幻戯書房）によれば、中世まで死者は、すでに「この世にはいない」と考えられていた。

だから土葬しても卒塔婆には死者の名前すら書かなかった。

死者は「あの世」の浄土に旅立つのだから、「この世」にできることはなかったのである。

死者への考えが変わるのは江戸時代に入ってからだ。「死者はこの世にとどまっている」という観念が広く共有されるようになった。人口の大多数を占める農民層の定住化が進み、親から子へと代々受け継がれていく「イエ」の観念が庶民階層にまで定着したからだ。世代が変わっても同じ土地に住み、ひとつの家を守っていくことは、記憶され供養されるべき先祖の数の飛躍的増加をもたらす結果となった。

ここにいたって死者と生者は、両者の居住領域を分割して、お互いの空間に侵犯しない取り決めをする。

その死者の定住の場所が墓地だ。その前まで死者は家の敷地内に埋葬されたり、畑の脇や山の中に個々に埋葬されるのが当たり前だった。

もちろん中世にも墓はあったが、そこはあくまで霊魂が他界に飛翔するまでの一時的な「止まり木」的役割しかなかった。

死者は私たちのそばにいる、墓地の中で生き続けている、という観念が定着するのは江戸も中期に入ってからだ。普段から死者が寂しい思いや退屈をしないよう、穏やかな眠りを継続できるよう、朝夕の勤行の声が届く寺の境内に墓地をつくる必要があった。

お寺の境内に墓地がある、という当たり前に思われていることが、実はそう長い歴史のあるものではなかったのだ。

村にある二つの寺院のひとつ、岩井川にある龍泉寺は一四一六（応永二十三）年、一ノ関の願成寺から来た文賀和尚が開祖したといわれる古刹だ。

その龍泉寺に入ると、左手に子犬ほどの大きさの仏像が数体並んでいる。かがみこんでよく見てみると小さな石仏が胸に抱いているのは赤ん坊に見える。赤ん坊を抱いている仏像というのも珍しいが、地元では「隠れキリシタンがマリア像に模して作った仏像」ではないかと言われている。

この仏像以外に村で「隠れキリシタン」の遺物と疑われるものは見つかっていない。しかし、迫害されたキリシタンが数多く、仙台領から手倉越えをして東成瀬村に逃亡してきた記録は残っている。

秋田領側にはキリシタンが身を隠す絶好の場所といわれた数多くの鉱山が存在した。そのため逃げ延びたキリシタンたちの遺物は、東成瀬村にたくさん残されているのでは、と勝手な推測をしていたのだが外れた。

村の近辺では、村の南西に位置する湯沢市稲川町駒形地区の雲岩寺にマリア観音が安置されている。雲岩寺の近くには白沢鉱山がある。

それに類した遺物が龍泉寺の仏像以外に村ではまったく見当たらないのだ。

隠れキリシタンの存在は「仙北道」の存在と切り離しては考えられない。

田子内や吉乃、院内といった近場にある鉱山の存在も深く関わっている。

江戸藩政期、東北キリシタンの拠点は岩手県南部の水沢地区にあった。布教や迫害のため水沢（当時は仙台領）から秋田領へ向かったキリシタンや伝道師たちは柏峠から手倉をこえた。

水沢に最も近い秋田領の集落が東成瀬村だった。

鉱山は一般的に「公権不入りの地」とされていたが、潜伏伝道には仮装が必要で、キリシタンたちは鉱夫や医師、毛皮商人、村民に成りすまし村に入ってきた。

そのキリシタンたちの中心人物が水沢の後藤寿庵だった。

寿庵は安土桃山時代から江戸時代初期にかけての戦国武将で、長崎県・五島列島で洗礼を受け、支倉常長を通じて陸奥国の戦国大名・伊達政宗に仕えた。

江戸将軍・徳川家光の治世になると、キリスト教への風当たりが厳しくなる。政宗も藩内の取り締まりを強く幕府から命ぜられることになる。

自身もキリスト教に好意的だった政宗は、布教をしないこと、宣教師を受け付けないことを条件に、寿庵を許そうとしたが、寿庵はそれを拒否。そして陸奥盛岡藩に逃亡したとも、出羽秋田藩にわたって死去したともいわれている。

後藤家の系譜や水沢地方の伝説では、秋田領仙北地方（平鹿）への逃亡説をとっている。資料によれば一六三一（寛永八）年五月、水沢から十一名の者が来て平鹿地区の新田開発を許されている。

この十一名に行方をくらました後藤寿庵が含まれているのでは、という説もあった。

秋田に初めてキリスト教が布教されたのは一六〇三年ごろのことだ。

京都伏見で洗礼を受けたペードロ人見が、秋田領内で信者をつくり、二百人以上が洗礼を受けたという。

当時は藩主の佐竹義宣も家老の梅津政景もクリスチャンには寛大だった。

しかし一六一四（慶長十九）年、幕府はキリスト教の禁教令を出す。

そのためキリシタンたちは比較的取り締まりの緩やかな東北地方を目指した。

その多くが後藤寿庵を頼り、さらに迫害が強まると仙北道を通って秋田領に入り鉱山へと潜入したのである。そのため手倉越えは「キリシタン潜入の道」として幕府の検分が厳しくなり、一六三三（寛永十）年、増田にキリシタン御改礼場が設けられることになる。

秋田藩に最初に訪れたパードレ（神父）はイエズス会のアンゼリスで、彼は後藤寿庵の居住地を根城に活動し、手倉越えをして秋田領に入っている。

秋田領内においてキリシタンの大迫害が行われたのは一六二三（元和九）年からだ。

キリシタン禁制高札が太政官布告第六八号によって廃止されたのは一八七三（明治六）年のことである。

養蚕と葉タバコ

国道沿い一キロ近くにわたって、キバナコスモスがオレンジ色の鮮やかな花を咲かせていた。五月中旬に小中学生たちがまいた種が花開いたのだ。

そのキバナコスモスの咲く路上に、白い軽トラックが止まっていた。荷台に見慣れない巨大な農機具のようなものが乗っている。

車を止めて、荷台を確認して驚いた。

小型のヘリコプターではないか。尾翼部分は荷台からはみ出している。

いや、すぐに本物のヘリではないと気付いた。

農薬散布用のリモコン・ヘリだ。実際に田んぼの上を飛んでいる姿を何度も見ているが、近くで見るとこんなに大きいものだったのか。大人一人がゆうに操縦席に乗れる大きさだ。

それにしても軽トラ荷台に乗っているヘリコプターというのはシュールな絵柄だ。

しかし、「猫の額」の狭い山間農地に、巨大な農薬散布ヘリが必要なのだろうか。ヘリを使うほど大規模な農地所有者がいるのだろうか。

軽トラの運転手にそのことを訊くと、「ファームだから」とぶっきらぼうな答が返ってきた。

そうか村の農地の多くは農業法人が管理、耕作していることを忘れていた。

二〇〇九年の農地法改正により、一般法人でも農地の賃借を行えるようになったのだ。高齢化でコメ作りがむずかしくなった農家の田んぼを借り、代わりに米を作る農業法人が、村には四社ある。その四社で村のほとんどの米作運営を賄っている。

「自分で米を作っている人は少なくなったねぇ。今はファームに頼んで米を作るのが主流だよ」

農家は耕作放棄するよりは、先祖代々の土地を売らず、荒らさないで済む農業法人を選んだのだ。


村の農業の歴史を振り返ってみよう。

東成瀬村は極端な山林地のため、村の総面積に占める耕地の割合は低い。

その耕地も深泥田（湿田、谷地田）が多いため、江戸時代から農業には適していない土地柄だ。山間地の水田のため冷害も多く、地味も肥沃とは言えない。

山地と平地の割合が一九対一だから、水田開発にはおのずと限界がある。

そのため米作のみに依存することはできず、必然的に地域性を生かした他の産業を考えなければならない運命だった。

そうした事情から村では養蚕と葉たばこが普及した。

水田面積が少ないので、その余剰労働力で飼育や収繭でき、比較的短期間で収入になる養蚕は、村の地域特性に合った産業だった。

養蚕の歴史は古い。記録には奈良時代にすでに東北地方には西から移住してきた人たちによって普及が始まっていたという。

一七八〇（安永九）年、仙台藩の石川滝右衛門が石川村（現秋田市河辺）に一家を構え、村を巡回し飼育、採卵、採桑を伝授したと記録が残っている。

藩も財政窮乏対策や勧農のために養蚕を奨励した。

最盛期は大正時代末期から昭和初期で日本がシルクブームに沸いたころである。

村では大正末期、昔からの山桑づくりに主力を注いだ。上蔟（じょうぞく・カイコが繭を作る段階に入ること）期には大量の桑が必要になるのだが、村はこの桑園づくりに合った山地環境が備わっていた。

桑が入手しやすいというアドバンテージもあり、村の繭生産はまたたくまに雄勝郡一となった。雄勝で一番というのは秋田県で一番を意味した。

最盛期の生産量は五万貫、全村五百戸の農家全部が養蚕農家だった、というのだから驚く。当然、繭の出荷額は稲のそれをはるかに上回った。

昭和に入ると冷害や戦争による労働力不足、食糧増産の掛け声に押され、養蚕よりも稲作へと大きく舵は切られる。

戦後はナイロンの普及で生糸の需要は落ちていく。

村での養蚕の経営方法も個人飼育から共同飼育に替わった。

一九六六（昭和四十一）年には田子内養蚕組合ができ、一九六八（昭和四十三）年には入道(地区名)養蚕組合も発足した。田子内養蚕団地は西山山頂付近で海抜三二〇メートル。五・五ヘクタールの桑園と鉄骨づくりの蚕室、テント張りの作業室があり、そこで春・夏・秋・晩秋と年四回、蚕を育てた。

かつて養蚕は人間の居室まで占領し、早朝から深夜まで過酷な人手を必要とした。このころからは自動調整機の稚蚕室で育てられ、給桑は日に二回で大丈夫になっていた。

しかし一九六二（昭和三十七）年、一二七四三キロをピークに、村の繭生産量は年々減少し、一九八六（昭和六十一）年には二〇〇〇キロまで落ちてしまった。

現在では養蚕を行う農家を探すのが難しいほどだ。

葉タバコも農家の副業として古い歴史を持つ産業だ。

養蚕同様、一時期は栽培面積、収穫量とも東成瀬村は秋田県一を誇ったほどである。

葉タバコの秋田への移入経路に関しては山形説や宮城説があるのだが､当時の仙台藩で｢葉煙草栽培禁止令｣や｢制限令｣が出ていたことから、役人の目を盗んで未開の地を求めて栗駒山の北の須川越えで成瀬川上流に伝播した、といわれている。

東成瀬村の葉タバコは「成瀬煙草（手倉以南）」といわれ、「葉も美しく、味もよく、香り穏やか」と評価が高かった。〈姉こ煙草〉とも称され、女性向けで江戸の花柳界吉原では〈おいらんたばこ〉といわれたという。村の特産品として高価で取引され、水田の少ない村にとっては養蚕同様、魅力的な作物だった。

秋田藩による煙草栽培は享保年間（一七一六〜三六）すでに雄勝郡内で栽培の記録が残されている。

村でも明治初年ごろには栽培が盛んだった。山間部のため畑地が多く、気候、風土などが栽培に適していた。さらに栽培加工には燃料になる大量の薪が必要となる。買うとなれば薪は高価だったが、村には無限に山林がある。

養蚕の桑と同じように自然環境が大きく味方してくれたわけである。

しかし喫煙者は年々減っていく。

栽培面積は一九〇三（明治三十六）年度の一〇五ヘクタールをピークに一九八九（平成元）年にはわずか一八ヘクターにまで減った。栽培戸数も一九四八年（昭和二十三）の三九九戸をピークに、平成元年は四六戸にまで減少している。

専売公社による葉タバコの納入査定があまりに厳しく、収納した葉タバコが低い評価しか得られず、栽培意欲を失った、という農家も少なくなかった。

そして一九八五（昭和六十）年、日本専売公社は八十余年にわたる「たばこ専売制度」に終止符を打ち、あらたに「日本たばこ産業株式会社」（ＪＴ）として民営化された。

村の養蚕と葉タバコの産業を裏から支え、大きな利益を得たのは、東成瀬村ではなく増田町の有力者たちだったといわれる。

増田の商業資本を支えた金融業者たちだった。

今も郷土誌にその名前を残す、増田の偉人といわれる石田四郎兵衛や山中新十郎といった資本家は、養蚕や葉タバコの生産に必要な資金を、積極的に東成瀬村の農家に貸与した。

さらに収穫、収納期になれば、繭糸や葉タバコを取りまとめ、それを製品化し、秋田藩内全域は言うに及ばず他藩へも売り込み、巨額の富を得た。

農家に仕入れ資金を前貸し、商品代からそれを差し引き利を得る商法である。

そのため今も村民の中には、「増田の内蔵なんて、われわれの汗と涙の結晶みたいなもんだ」「村の山林地の多くは増田の地主たちに買い占められてしまった」と、批判的な発言をする人たちも少なくない。

稲架《はさ》と成瀬ダム

山々が里から徐々に色づき始めていた。

田んぼの刈り入れも終わり、村は穏やかで透明な秋の空気感に満ちている。

農業法人のリモコン・ヘリが農薬散布する一方、いまだに手作業で稲を刈り、杭で稲を乾燥させる稲架《はさ》の風景もいたるところで見かけられる。

村には牛を飼う農家が今も多いので、稲わらは大事な資源だそうだ。

五里台集落の杉山さんを訪ねた。

家から数百メートル離れた道路裏に杉山さんの田畑がある。

借地だが、田んぼは一反歩ほどあり、刈り取られたばかりの稲が稲架がけされていた。

「今年は八俵くらいのあきたこまちがとれました。すべて自家用です。子供たち三人が大きくなったので年々コメの消費量が上がって、これ全部、一年で食べきってしまいます」

稲架の後ろには、紅葉の始まった二つのこんもりした山がみえる。

「あの山は妻のあおいの作業場です。毎日あそこの山に入ってキノコを採っています」

うまくマイタケに当たれば、「一万円札が落ちていた」というほど高い値段で売れる。

ひと秋で一〇万円ほどの収入になるから、杉山家にとっては小さくない収入源だ。慶応大学ワンダーフォーゲル部出身で〈山女〉であるあおいにとっては、趣味と実益を兼ねた楽しい仕事なのだが、クマと出合う危険とも隣り合わせだ。

田んぼの横に小さなビニールハウスがあった。

収穫の終わったエゴマを乾燥中だった。エゴマは健康食材として人気があり、引手あまたなのだが、実が小さく機械化できない。

すべて手作業で実を取りださなければならないから手間暇がかかる仕事だ。

「エゴマは作ればすぐ売れるけど、軽くて小さいので唐箕《とうみ》を使ってゴミと実を吹き分けます。これがけっこう重労働なんです。農業で簡単に儲けるなんて、できませんよ」

人気があっても利益を上げるのはそう簡単なことではないという。

乾燥したエゴマの葉からはシソの香りがする。シソ科の植物なのだ。葉のなかに真っ白い塩つぶのようなゴマが数粒入っている。それをいちいち手で取り出すのだから厄介だ。

ハウス横の畑では見慣れない作物も植えられていた。

スティック・ブロッコリーだ。普通のブロッコリーより線の細いアスパラのような作物だ。普通のブロッコリーは根元から切り取るので、一回収穫すればそれで終わりなのだが、スティックは伸びた穂先をもぎ取れば商品になり、穂先から何度も穂が出てくる。横手市十文字の総菜屋さんが使ってくれるので、この収入は貴重だ。

「誰も作っていないので、競争がないのが利点ですね」

収穫した野菜も米も出荷先は自分で営業し、開拓したものだ。

「農協とは取引してません。農薬を指定されたり、栽培方法のすべてに口を出してくる。作物の見栄えにうるさいし、そのくせ安くしか買ってくれない」

他にも自家用として食べる野菜はこの畑でほとんど自給自足だ。

お昼を杉山家でごちそうになった。

玄米ご飯に、杉山家でとれたダイコン、サトイモ、ニンジン、キノコなど十種類ほどの野菜を入れたみそ汁と、自宅で飼っている鶏のゆで卵、野菜のピクルスにマイタケの天ぷら。お代わりしたくなるほどおいしかった。

自給自足生活なので食べる苦労はない。子供たちにかかる教育費の心配など、現金収入をあげなければならない課題もあるが、それはなるようにしかならない。

杉山家は村への移住を考えている若い人たちの目標になっている。

実際、杉山家の移住生活に影響を受け、都会から何人かの移住者も出現している。

移住パイオニアとして杉山家の全国的知名度は高い。

「もうちょっと農業で稼げていれば、移ってくる人も増えるかもしれないですね。現金収入の目標が年収一二〇万円なんですが、まだ達成できないんですよ」

都市化とは無縁で、近代化から取り残されてしまった村のように思う人もいるが、移住してから二十年、そのころと今ではいろんな面で村も変化しているそうだ。

「村に来た頃はコンビニもなかったし信号機もなかったですから。診療所はあったけど一時期医者がいなかったこともあった。すごく進歩していますよ」

できれば皮膚科や耳鼻科、眼科も欲しい。子供たちが安心できるからだ。高校も欲しいし、カフェもあればいいね。野菜を売る場所として道の駅があれば申し分ない、とも付け加えた。豊かな自然と農作物の恵み、家族のだんらんとゆったりとした時間があれば、村は最高に居心地のいい場所だ。妻のあおいの親も、近い将来都会暮らしがままならなくなれば、村に呼び寄せて同居することまでを視野に入れている。

移住してきたころ、家庭教師の口がけっこうあった。村の子供たちに勉強を教えていて、「子供たちの頭がいい」という特別な印象はまったくなかったそうだ。

「どこでどうなって学力日本一なのか、自分では今もよくわからないですね」と笑う。

学力よりも農業の未来が不安だという。

「移住してきたころは、周りはほとんどコメ農家でした。米を作って生きていくのが当たり前だったんです。今はコメの価格が水より安い。バカくさくてみんな辞めてしまった」

農業を軽んじる今の政治や社会には怒りを感じるという。

無理やり農村の人口を増やす必要はないが農業と農村の活性化は絶対に必要だ。

「コメを作って生活できる。それが当たり前の世の中だと思う」

農業の力は年々落ちている。人口減少は村でも深刻だ。

だから荒れた山間地の草を刈る仕事もやる。

これから誰かが住むわけではないが、しいていえば村の景観を保つためだ。

「村の自然や教育環境は素晴らしい。本当に移住してよかったと思っている。だから大事にしたい」

その反面、東日本大震災の福島原発事故で岩手県側の山菜やキノコが採れなくなった。

栗駒の観光スキー客は減少した。

大のお気に入りの風景だった桧山台集落が成瀬ダム建設によって水没してしまう。「悔しいし、心が痛む」という。

村は大好きだが自然破壊や施設の合理化、ダム建設などには不満があるという。

杉山さんはダム建設反対派だ。

「でも村の人たちは、最後は何となく仲良くやる。対立したままで終わらない。それが小さなコミュニティで生きる大切な処世なんですね」

成瀬川は一級水系雄物川の一級河川だ。総延長四一・二九キロメートルで水源は栗駒山。北へ流れてなるせ温泉付近で西に進路を変え、増田で皆瀬川に合流する。

成瀬ダムは農業用水の供給を主目的に、洪水の被害軽減や飲料水の供給など「多目的ダム」

として秋田県が一九七三年、予備調査を始めた。

一九九一年からは国の直轄事業となり、二〇〇一年に工事が着工した。

環境保護や人口減少による水利用者の減少などを理由に反対運動が起きた。「ダム計画は昭和四十年代の食料増産時代の発想。今となっては効果も費用も問題」「森林生態系保護地域を公共事業で破壊するな」というのが反対派の理由だ。

一方ダム推進派の村は、「二十、三十年後、村の人口は一〇〇〇人を切る可能性があり存続が危ぶまれる。村を存続させるためにはダムも選択肢の一つ」というスタンスだ。

両者は今も平行線をたどっている。

二〇〇九年、民主党政権が誕生し、ダム建設の見直しが始まり一時、建設は凍結された。

しかし二〇一二（平成二十四）年、国は建設の継続を発表する。

二〇二四年の完成を目指して工事は進行中だ。

Ⅳ

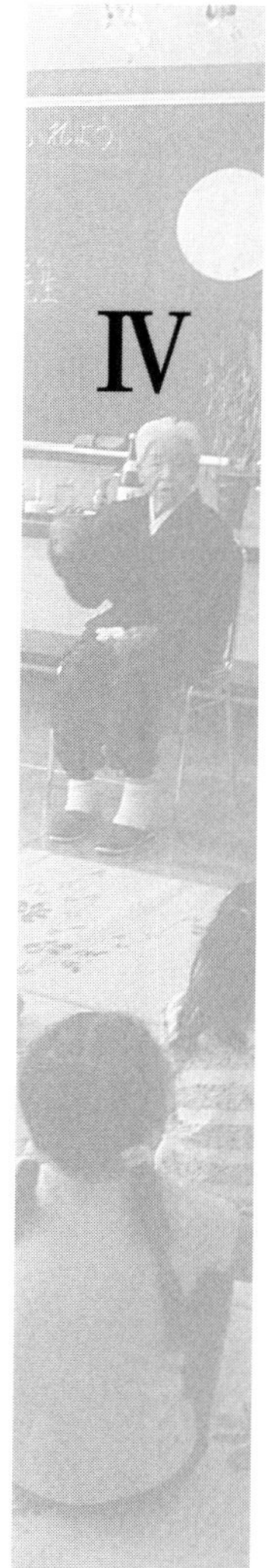

マタギ議長

二〇一七年、秋田県は「クマ騒動」一色に振り回された一年だった。

連日「クマ出没」「クマに襲われ重傷」「クマ民家襲う」「人を追い里に近づく」といった見出しがメディアに躍り、地元紙にいたっては毎日の紙面で「（今日の）クマ出没情報」まで登場した。

同年四月から九月までの、わずか半年の間に捕殺されたツキノワグマは五三三頭で、うち九五パーセントが住宅地や田畑のある場所に出没した。人間を襲う恐れから殺されたわけだが、警察に届けられたクマ目撃件数はこの年一年間で千件を超えた。

これまでクマはいないといわれていた大潟村や男鹿市にまで出没が確認され、県民は驚きと不安で毎日のクマのニュースに耳目をそばだてる結果になった。

近年、急速にクマの目撃例が増えたのは、少子化や過疎の進行と不可分の関係にある。地域に住む人が減り、人の姿が消えると周りの森林に手が入らなくなり草や木が生い茂る。クマはそこに身を隠すのだ。農産物や木の実などの食べ物の豊富な人里近くに棲み着いて、子育てをするようになる。クマの生息域が人間の里に徐々に近づいてきたのである。

東成瀬村のクマの出没状況はどうなっているのだろうか。

マタギであり村議会議長でもある冨田義行さんにお話を聞きに伺った。

村役場二階に応接室のある部屋がある。大人数で会議もでき、隣室に事務室も併設され、事務員が忙しそうにコピー機に張り付いていた。ここが村議会議長室だ。

この部屋の主である冨田義行さんは一九五二年、東成瀬村岩井川生まれ。小柄だが精悍な風貌の持ち主だ。村会議員になって七期目で、議長に選出されて四期目を迎えた。若いころは日本共産党の機関紙「赤旗」の通信員で、村の四季折々の風物を記事として書き続け、その連載は「山里歳時記」という豆本になっている。いまは役場公認HPに「天地人」というブログを連載し、ほぼ毎日のように更新している。

ブログは議員活動以外にもクマや山菜、山の花やキノコの話が満載だ。村の四季折々の自然や動植物の話は。冨田さんの独壇場。この公式HPのファンは村内外に少なくない。

そんな経歴を持つ冨田さんだが、村人には「マタギ議長」で通っている。

冨田さんは小学校高学年からは父親に連れられて村の山に入り、猟を経験している。銃の免許を取ったのは二十代だが、六年前、銃免許を返納した（「わな」の免許は所持したままなので、猟友会員はまだ卒業していない）。

『東成瀬の狩猟文化』（東成瀬村教育委員会）という地元放送局制作になるDVDには、シカリ（責任者）としてクマ猟を差配する冨田さんの雄姿が映っている。

秋田県は阿仁マタギや百宅マタギに代表される「マタギの里」として県外に名を馳せているが、東成瀬村も昔から阿仁や百宅に負けない狩猟文化が深く根付いた村である。

秋に行われる村内スポーツ大会には「射撃」という競技種目があるほどで猟銃免許保持者も多い。お会いしてすぐに、「県内では毎日クマ騒動で大騒ぎなのに、村のクマ出没記事は少ないようですが、クマは出ていないんですか？」と訊くと、破顔一笑された。

「村でクマはいわば日常的なもの。クマと出遭っても、たぶん半数以上の人は通報したりしないからじゃないでしょうか」

なるほど、そういうことだったのか。

冨田さん自身は数日前、山の中で一二〇キロほどあるクマに出遭ったし、檻に入ったクマも近所で何度も目撃しているそうだ。

村でも例年より出没頻度は高いため、学校に出向き、子供たちに「クマと安全」について話す機会もあったそうだ。

子供たちに注意するのは、道ばたや川、山にゴミを捨てないこと。人間が捨てたゴミや空き缶がクマは大好きだ。腐敗した食べ物も好きで、ゴミが集まる川岸を伝って村に入ってくるのだそうだ。

「クマ避けの鈴やラジオの音はかえってクマを人に近づける」という人もいるが、それは早合点で間違った知識だという。襲われないためにはクマと出遭わないことが最大の防御だ。「音」はクマとの出遭いを予防する一番の対策であることに間違いない。

体験からいってもクマが一番怖がる武器は「人の声」だそうだ。

専業のマタギが今は村にいない。このこともクマが人里に入ってくる原因の一つだ。

「昔は近所にも専業のマタギの人たちが何人かいました。出稼ぎに行かず、クマやノウサギを獲り、それ以外の季節はイワナなどの魚釣りで生活していました」

「マスコミの人と話すと、すぐにマタギ＝クマという話になるけど、それはちょっと違う。村でマタギの暮らしを支えたのはノウサギです。猟はノウサギが中心で、クマなんかめったに獲れない。クマをあてに生活することなんてできっこない」

マタギが使う、スプーンを大きくしたような雪ベラはストックの役割だけでなく、ヘラの部分で木の根っこに隠れたウサギを掘り出すために考案された道具だ。獲ったウサギは村内で流通し、すべて消費される。村の食文化として「ウサギ鍋」は定着しているから、ウサギの需要が途切れることはない。

「ウサギ料理はどこの家でも同じ調理法です。肉と骨を一緒にしたままぶつ切りで煮る。骨と肉を切り分けると、なぜか不味くなるんです、ウサギ鍋は」

村外の人からはよく「何頭ぐらいのクマを撃ちましたか」と聞かれるが、マタギの腕はクマを仕留めた数ではない、と冨田さんは言う。

「マキ（巻き狩）はあくまでチームの仕事。勢子もマシパ（撃ち手）も対等です。猟にとって勢子のほうが重要な役割の場合も多いくらいです」

議長室にお邪魔して政治活動ではなく狩猟の話ばかりになってしまった。

冨田さんが議長を務める東成瀬村議会は、秋田県で初めて「通年議会」を導入した村議会でもある。

従来の議会は年四回の定例会と臨時会で開会日数は約一ヵ月ほどというのが常識だ。

これを東成瀬村議会は、会期を一月七日の定例会から十二月十二日の三百四十日間とすることに決めたのである。

この条例案は二〇一四（平成二十六）年に可決され施行されている。

冨田さんによれば導入の理由は、「地方分権により、自治体の権限が拡大し、議決権を有する議会の役割が大きくなってきたため」だそうだ。

さらに議員定数の減少の影響で、議員一人当たりの活動範囲が広がり、行政課題に対する調査活動などに要する期間や幅を広げる柔軟性や、災害などの緊急事態に対する迅速対応などが求められたためだ。

いままでは会議の開会中や事前に議決した事項に限って活動していた常任委員会も、その制限がなくなり活動の幅は大幅に広がった。

「定例の議会が閉会すると、それを合図に議会の常任委員会活動や機能がストップする。継続して調べたいことや質疑に諮りたくても何もできなくなる。これは不便だしおかしい」

大災害や不慮の事故の際、議会を召集するには、告示をして臨時議会を開く。本会議の議決も必要だ。これでは非効率で迅速性に問題が多い。

通年議会の背景には、村には常に大小にかかわらず自然災害が多かったことが挙げられる。

「村の歴史は災害の歴史でもあった。特に地震や雪崩にはずっとひどい目にあっている。災害への迅速な対応という意味でも、通年議会は大事なんです」

議会の機能向上と活性化、さらに議員の資質向上を図る観点からも、この通年議会は意味が大きい、と冨田さんは言う。

「定時制」に学ぶ

「村を知る上で、ぜひ定時制高校のことも取材してほしいですね。村の文化の基盤は、あの学校の存在が小さくないと思います」

マタギ議長の冨田さんからこんな提案があった。

冨田さん自身、村の定時制高校の卒業生だ。

村の一線で活躍されている五十代以上の多くの人たちにも卒業生が少なくない。

定時制高校はすでに廃校になっているのだが、役場庁舎と道路を隔てた小学校校門前には「増田高校東成瀬定時制高校跡」の記念石碑が建っている。

村では今も子供たちの進学先として身近な高校は秋田県立増田高校だ。

横手高校や湯沢高校へ進学する子もいるが、圧倒的多数は距離的に近い増田高校へ進学する。通学はバスで、それほど時間もかからない。親の負担も軽い。

県立増田高校は一九二五（大正十四）年、増田町立実科高等女学校として創立された。もともとの建学精神は雄勝、平鹿地区の、女子教育の向上を目標に設置されたものである。

戦中の混乱期に増田女子農業学校と名前を変え、戦後はそれを母体に秋田県立雄平農蚕学校になり、一九四八（昭和二十三）年に現在の校名に改称した。

戦後の高等学校教育はその教育の形態により全日制、定時制、通信制の三つの課程に分けられている。

定時制は一九四七（昭和二十二）年に公布された学校教育法に基づいた新しい学校制度だ。昔からある学校のように思っている人もいるが、「夜学」として世に登場した歴史は戦後で、言葉自体がけっこう新しいものなのだ。

『増田高校八十年史』や『東成瀬分校のあゆみ』などを参考に、その歴史を追ってみよう。

増田高校の定時制課程は、一九四八（昭和二十三）年、本校内に普通科、農業科、家庭科の三課が設置され、平鹿郡内の駒形、亀田、三重の三地区に分室をつくるところから始まっている。すぐに雄勝郡東成瀬村にも岩井川分室ができ、続いて東成瀬分校もできた。

分室よりも分校のほうが規模や設備は格上である。

その翌年には大柳地区などの分室も設置され、増田高校の分室分校は十二カ所に規模拡大をしている。

その後、統廃合を重ね、最終的に残ったのは十二カ所のうち東成瀬分校だけだった。

当時は分校や分室の生徒数は驚くほど多く、全日制課程の本校の四倍近い生徒が在学した、というから驚く。当時の家庭の事情で進学できない子供たちの「学びたい」という熱意は、想像以上にすさまじいものだったのだ。

農村経済はインフレの波にもまれて疲弊していたが、恵まれない学校施設や設備の中でも若者たちは向学の意欲に燃えていた。

東成瀬村が増田高校定時制分校の候補地としてあがったのは一九四八（昭和二十三）年のことである。その以前から、有志たちが岩井川小学校に集まり「夜学会」を開き、珠算などを中心に勉強会のようなものは開かれていた。

分校設置に必要なのは村の認可である。

村の教育関係者たちは熱心に村に「定時制高校分校設置」を呼び掛けるが、「小・中学校で手いっぱい。高校までは手が回らない」というのが村当局の返事だった。

当時は分校を設置した場合、教員の給与は別にしても、その他の経営費は設置した町村が負担する方針だったからである。

なかなか簡単には村の同意が得られないことから、有志たちは方針を変えた。

分校よりもハードルの低い分室設置に取り組むことにしたのだ。

分室であれば秋田県の裁量枠内で処理、決定が簡単にできた。

それでも県からは二つの条件が課せられた。

県全体が教師不足で分室のための教師を用意する余裕はない。そのため「教師は自分たちで見つけること」。さらに授業をするための「教室を確保すること」の二つが条件だった。

東奔西走の結果、教師は龍泉寺住職で駒澤大学出身の黒杉有山を口説き落とすことができた。教室は岩井川小学校を粘り強い交渉で確保した。

こうして一九四八（昭和二十三）年十二月一日、増田高校定時制岩井川分室が開室の運びとなった。

この日、入学希望者は教室からあふれ廊下にはみ出るほどだったという。

岩井川分室に引き続き、村の四カ所に教場ができた。

校舎はすべて小・中学校を夜間に借用したもので、施設・設備とも貧弱を極めた。

大半の教師は専門外教科も担当する忙しさだった。

はだか電球の薄暗い教室で寒さと空腹に耐え、疲労による睡魔と戦いながら、生徒たちは「学べることの幸せ」の中で、厳しい環境を乗り越えた。

その一方で日中働いて夜に授業を受ける現実の厳しさに、通学を断念するものも後を絶たなかった。

一九五二（昭和二十七）年ごろから生徒数が減りはじめた。

四教場の維持が難しくなり、統合して新たに東成瀬分校が発足することになる。校舎は中学校を間借りしていた。

二年後の一九五四（昭和二十九）年、村役場の新庁舎が完成したことから、一九五八（昭和三十三）年には、その旧庁舎を分校として使用することになった。

ここにきて東成瀬分校は初めて独立校舎を持つに至ったのである。木造二階建てで土蔵まであったが、土蔵は役所の書庫だった。

そして一九六四（昭和三十九）年、明治時代の建造物で老朽化の激しい元役場庁舎に替わって、県への陳情が実り待望の新校舎が完成した。翌年のことである。

ちなみに定時制分校の運営費は発足当時から一九七〇（昭和四十五）年ごろまで、専任教師の人件費以外は地元負担であった。村が一般経費（教育振興事業）として補助金を助成していた。

一九六〇年代に入ると日本は戦後復興から脱却し、京阪神の工業地帯では労働力不足が起き、中学生たちは「金の卵」ともてはやされるようになった。

村からも故郷を離れ、都市に就職する中学生が後を絶たなかった。

その結果、分校入学者数は激減した。分校廃止論まで出たほどだ。

六〇年代も後半になると日本の高度経済成長がはじまる。

ゆとりの生まれた農村でも高校進学熱が一挙に高まった時期である。

新校舎が完成したこともあり、分校への進学者数も増加の傾向をみせ、卒業率もグンと向上した。

七〇年代も半ばすぎると、村の保護者層にも経済的ゆとりが出て、交通事情も好転した。

その結果、全日制高校への希望者が増大し、在学期間が四年もかかる定時制は敬遠されるようになった。働きながら学ばなければならない若者が減り、定時制高校の存在意義そのものが薄れてしまったのだ。

それでも分校を存続させたい。村の教育関係者たちは一九七五（昭和五十）年には全日制分校への移行も視野に入れ、期成同盟をつくり陳情を行っている。

翌年には夜間授業を廃止し、昼間定時制とする案を提案したが、県当局は、将来的に分校を維持するための生徒数（百名）を確保できないとみて、それらの計画はいずれも許可されることはなかった。

発足当時は多かった定時制分校への入学希望者も、時代の推移や経済状況の変化に影響を受け、安定的な入学者を見通すことができない環境が長く続いた。

関係者たちのいろいろな手立てにもかかわらず、けっきょく生徒数の増加には結びつかないまま、一九八三（昭和五十八）年、増田高校東成瀬分校は閉校、三十六年の歴史に幕を閉じた。

校舎は翌年、県によって解体された。まだ建築後二十年もたっていない建物だったが、村に払い下げられた。

校舎跡地は現在、小学校のプールになっている。

単独立村の道

村の子供たちの学力はなぜ高いのだろうか?

単刀直入に村の人たちにその質問をぶつけると、かなりの確率で似たような答が返ってくる。

「(町村)合併しなかったから」というものだ。

「小さな村のままだったから、細かな子供への教育が可能になった」ということのようだ。

高校野球に例えると、百人の部員のいる野球部はレギュラーになるために激しい競争がある。百人の切磋琢磨によってチームは強くなるが、当然、落後者も多くなる。

東成瀬村の野球チームには最初からギリギリの九人の部員しかいない。

一人の故障者や落伍者が出ても試合出場は不可能だ。落後者は出せないし、けがもご法度。

一人一人の個性を見極め、短所をつぶすのではなく、長所を伸ばす方法しかとれない。

小さなコミュニティであることが、結果として目の行き届いた細かな教育を可能にした。

「もし合併していたら、こうした村の長所は、大きな自治体の仕組みの中に吸収、平均化され、消えてしまった」

確かに村の子供たちを見ていると、「宝物のように」周りの大人にいつくしまれている。小さな自治体にしかできない、きめ細かなチーム・トレーニングが功を奏しているのは間違いない。

一人一人の個性を重視し、落伍者をなくし、互いに高めあう。

小さなコミュニティだからこそできる「教育」が確かに村にはある。

村の町村合併をめぐる変遷を振り返ってみよう。

太平洋戦争の敗戦を契機として、戦後、国は地方自治の機能を十分に果たせるよう全国の町村数を三分の一に減らすことを決定する。一九五三（昭和二十八）年のことだ。

町村の基準人口を八千人程度とし、町村数をおおむね三分の一程度に減少させるという「町村合併促進法」を時限立法として公布。これにより町村大合併がすすんだ。

一九五〇（昭和二十五）年当時、全国で町は一八六二、村が八三四六あったが、一九六〇（昭和三十五）年には合併が進み、町が増えて一九二一、村は一〇四九と大幅に減少した。

秋田県でも雄勝郡と平鹿郡では、十文字を中心とした一四カ村（増田、十文字、睦合、醍醐、岩崎、駒形、川連、三梨、三重、植田、稲庭、皆瀬、西成瀬、東成瀬）の合併協議会がもたれ、合併に向けて活発な議論が戦わされた。

この時点で、東成瀬村は西成瀬村とともに増田町と合併する案が出ていた。

ところが当時の東成瀬村長・佐藤又一はこれに猛反対。村を挙げて反対運動を展開することになった。「中途半端だ」というのがその反対理由だ。

東成瀬村にとってメリットがあるとすれば、この地域最大の町で鉄道の「駅」を持っている十文字と一緒になること。

その十文字を中心に増田も西成瀬も一緒になる合併でなければ村にメリットはない、というのが東成瀬サイドの反対理由だ。

もし、それがかなわなければ最悪でもお隣の西成瀬村との合併を視野にいれていた。

しかし結果は十文字町がはやばやと三重村と合併し、増田町は西成瀬村を抱え込み、東成瀬村だけが一人はしごを外された格好になった。

『秋田県町村合併誌』は、東成瀬村の単独立村の経緯を次のように分析している。

「合併計画を進めていた相手の西成瀬村が、あっさり平鹿郡増田町と合併したので、窮地に追い込まれた格好で、したがって西成瀬の狙半内、湯ノ沢、吉野の三集落の分村合併を意図していたが、増田町が反対しているので簡単に実現しそうになかった」

それから約半世紀後の二〇〇一年度からはじまったのが「平成の大合併」だ。

これは一九九五（平成七）年四月に改正された「市町村合併特例法」に基づいたもので、人口基準などに特別の定めはない。

地方分権の受け皿強化のために積極的な合併促進措置として、一方で財政特例を盛り込み、他方で小規模町村の財政優遇（段階補正）を縮小する。

いわゆる「アメとムチ」政策をとっているのが特徴だ。

合併特例債を中心とした「アメ」と、小泉政権の三位一体改革の中で行われた地方交付税の大幅削減という「ムチ」である。国から地方に三兆円規模の税源移譲が行われる一方で、地方交付税は五兆一千億円、国庫補助負担金も四兆七千億円が減らされた。交付税依存率の高い自治体にとっては、きわめて厳しい財政見通しを持たざるを得ない合併政策だった。

秋田県は合併に向けて大きくかじを切った。

当時の寺田典城秋田県知事は、もともと「広域行政による行政コストの削減」が持論の合併推進論者だ。横手市長時代にすでに「横手・平鹿郡一体化構想」のプランを持ち、合併は推進すべきもの、という強いリーダーシップを発揮していた人物だ。

そのため二〇〇一年、〇二年には自らが市町村に乗り込み、首長や議員らに合併の必要性を説き、積極的に旗振り役を務めた。それを一部市町村長や住民は、合併への誘導、介入と感じた人も少なくなかった。

交付税削減が始まったのは二〇〇二年度からだ。合併せずに単独立村した場合、〇八年度には教育、福祉、職員給与以外に使える予算は底をつく。そのため「住民生活への影響を最小限に食い止めるのは、合併しかなかった」というのが大方の合併市町村の本音だった。

「合併」とは要するに市町村のリストラである。

金のない自治体が集まれば、少しは楽な自治体経営ができるというのは幻想で、貧乏人が集まっても金持ちにはならない。多くの合併自治体は借金を持ち寄ったのだから、もっと貧乏になるケースまで出てくる懸念もあった。

合併は社会活性化の手段だったはずなのに、いつの間にか目的になり、合併しないと財政が立ち行かない、という恐怖に駆られ、「駆け込み合併」が多く出た。

この結果、秋田県の市町村は六十九から二十五にまで減った。減少率は六三・八パーセントで、全国でも三番目の高さだった。


こうした県内事情のあるなかで東成瀬村は二〇〇三年十二月、どことも合併をしない単独立村の道を選んだ。

その前の〇一年末から、村では合併に関して住民との座談会を重ねていた。

「同じ税金を納めるのなら、合併せずに頑張ってほしい」という村民の声が多かった。経済活動圏は横手平鹿で、行政圏は湯沢雄勝というねじれた地域的環境も合併の枠組みを複雑にしていた。さらに国直轄の成瀬ダム建設による財源で必要な社会基盤を整備できるという目論見もあった。

二〇〇三年二月に行った村民アンケートでは六割以上が合併に反対だった。

これが最終的には決め手となった。

「昭和の大合併の時の単独立村の経験が生きていたんだね」と振り返るのはある村会議員だ。「昭和の大合併」の時、増田町からのプロポーズを断って村は単独で昭和の歴史を歩んだ。合併を選んだ周辺の村が便利さと引き換えに「自分たちで決められる自治」を失った姿を、そばで目撃したことも大きかったという。

「合併したA村には優秀な人がいっぱいいた。でも合併すると大きな町の総合点に集約され、結果として平均点以下の集落に落ち着いた。自治がないというのはそういうことだ」

議員の一人として合併に反対したこの村会議員は、今も単独立村を選んだことに後悔はないという。

「自立こそ地方自治の原点。憲法にも忠実な原則だ。単独立村は地方自治の原則に立ち止まった結果です」

人口減少との闘い

「村の将来は楽観できる状況ではないが、悲観的にとらえる状況でもない。適正な人口ならば村を維持できる」

いろいろな会合の場で、佐々木哲男村長は繰り返しこう語っている。

村の年間出生数は平均十五人ほどだ。三十人以上生まれる年もあるが、二十人なら人口減少が底打ちする。人口二千人が村の機能を維持する限界ラインだ。それ以下になるとは考えにくいが、高齢者が増え続け、人口減少が続くのはこれからも間違いない。

二〇〇三年十二月に単独立村の道を歩むことを決め、自立計画「まちづくり計画」(〇三～一七年度)を策定した。

〇二年以降、村有地のダム用地売却などで国から支払われた金額は約二十億円。過疎債などを活用、公営住宅や地域交流センターといった社会基盤整備を進め、ダム用地補償費のうち約六億一千万円を債務繰り上げ償還に充てた。下水道整備事業や簡易水道整備事業の一部に活用し、今後の債務償還として十億円近くを基金として積み立てる計画である。

しかし計画策定当時、〇三年度から十五年間で三割減少すると想定していた地方交付税が、国の緊縮財政に伴い予想より早いペースで減少した。一九九九年度の一九億一七〇〇万円から、〇八年は一四億六千万円にまで減ってしまった。

村の実質公債費比率（〇六〜〇八年度の平均値）は一九・八パーセント、地方債発行に県の許可が必要とする基準値一八パーセントを上回った。

徹底的な経費削減で行政改革を行わなければ村の存続は危ういところまで追い込まれた。人件費が最も大きいため退職者を補充せず職員数を削減した。

施設への指定管理制度も導入し、民間に委託できるものは委託した。

「村職員は机に座っているだけでなく、御用聞きになってほしい」

というのが村長の本音だ。

〇五年からは職員による全世帯広報配布も始まった。

村長と教育長以外の正職員と臨時職員全員がそれぞれ一〜二八世帯を担当し、自分たちの足で村を回る。以前は各集落の行政協力員に配布を依頼していたのだが、職員が配ることで協力員報酬が減額できる。村税や水道料金納付書も直接手渡しして郵送料を節約、定額給付金支給も現金を手渡しになった。

職員が何役もこなすことで官が率先して身を削る。規模が小さい村だから可能な仕組みでもあった。高齢者世帯が増えているので、逆に職員の家庭訪問は住民サービスや安否確認の面でも好評だった。

「少ない職員だからこそできる、地域密着サービスがある。合併論議のときも、村民はきめ細かな行政を求めて自立を支持した。その期待に応える必要がある」（秋田魁新報　二〇〇九年一月十日）

正職員三十七名。県内最小の村役場が、単独立村を選んだ代償に引き受けなければならなかった試練は、村長を先頭に今も続いている。

二〇一八年三月三十日、秋田魁新報に衝撃的な記事が載った。

「45年県人口60万人」

国立社会保障・人口問題研究所が発表した人口の将来推計の数字だ。

秋田県の六十五歳以上が占める高齢化率は全国で唯一、五割を超え、二〇四五年の人口は六〇万一六四九人になるというのだ。

この研究所は国勢調査や人工動態統計のデータをもとに、五年ごとに将来人口を推計しており、社会保障政策や政府の各種長期計画の基礎資料となるもので、予測の信ぴょう性は極めて高い。

推計によれば秋田県の半数の一三市町村で人口が半分以下に減る。

東成瀬村の四五年の人口は一二七一人だ。

減少率は五一・三パーセント。県内では一二番目の減少率で、最も人口の少なくなるのが

上小阿仁村で九〇四人（一五年現在二三八一人）。

ここまで人口が減ると社会保障に加え、インフラ回収経費なども膨らみ、特効薬は何もない。村の形が維持できなくなる可能性もある。

首都圏の好景気で若者の流出が止まらなかったのが人口減少の理由だ。

村の人口の推移を追ってみよう。

一九五〇年には六千人を超えていた東成瀬村の人口は、二〇一七年四月一日現在、二五六七人。半世紀で半分以下に減っている。

人口が三千人を割ったのは〇八年のことだ。

二〇一七年には秋田県の人口が百万人を割った。県の発表によると、戦後になって百万人を下回わったのは東北六県で秋田県のみだ。百万人を切ったのは一九三〇（昭和五）年以来で、八十七年ぶりの九十万人台だ。

一九二〇（大正九）年の秋田県の人口は八九万九千人。戦後四七～四九年のベビーブームを経て五六年の一三四万九九三六人が人口のピークだ。

翌年から自然増の数を社会減が上回る。減少に転じたのは五〇～六〇年代の高度経済成長期に若者が首都圏に金の卵として流出したあたりからだ。

九三年に初めて自然減に転じると一気に人口減少に拍車がかかった。〇五年以降は毎年一万人以上が減り、〇九年には一一〇万人を割った。

人口減少率は二〇一三年から四年連続で全国トップだ。

国立社会保障・人口問題研究所によると、秋田県の人口は二〇二五年に九十万人を切り、四〇年には七十万人を下回る見通しだという。

県人口が一万四千人減少すると、約一七五億円の消費が失われると民間シンクタンクは分析している。人口減になると社会保障費は増大し、高齢化で若い世代の負担は大きくなる一方だ。介護・医療費の抑制が急務となる。

二〇一五年の国勢調査で、秋田県の人口減少率は三三・八パーセント、前回一〇年調査に続き二回連続でトップだ。

人口減少だけではない。高齢化率も六年連続でトップを走っている。

秋田県の高齢化率は一一年に全国トップになり、それまでトップだった島根県を抜いてしまった。

製造業を中心とした産業基盤の弱い地域の人口流出が著しい。

人口減少は秋田だけの特殊な事情ではない。全国各都道府県が同じ課題を抱えて生きなければならない未来だ。東京都ですら例外ではない。

「雇用の場創出に向け、IT関連企業、林業、畜産などの小規模でもいいので、立地を計画していくつもり」(秋田魁新報　〇九年一月十日)

と村長は言うが、具体的な方策があるわけではない。

「村が消滅することはありません。成瀬ダムが稼働すると多数の雇用が生まれます。人口が増えると地方交付税も増えます。いろいろな工夫をしながら、村が永遠に続いていくように努力しています」

これは県外に出た村出身者たちの集まりでの村長の発言だ。

人口減は悪というイメージにとらわれすぎると、その悲観的な日常からは何も生まれない。新たな価値観の創造が必要だ。

「財政は交付金に頼らざるを得ないため厳しいが、職員が切り詰めて頑張っています。今後は第三次産業、特に観光での交流人口増加を、経済活性化につなげていきたい」

「地方自治体といっても県や市、町村など多種多様です。国や県から自治体の形を強要されることには納得できません。小規模なりに頑張っている自治体に対して、国はしっかりと目を向けて支援してほしい。住民に一番近い自治体が発展することが、けっきょくは国の発展につながるのですから」（秋田魁新報　〇九年一月十日）

人口減少や少子高齢化は日本全体が抱える未来の課題だ。

東成瀬はそのトップランナーとして、真正面から風圧を受けて走っている。

修学旅行に同行

村に冷たい秋風が吹き始めるころ、東成瀬小学校六年生の修学旅行に同行した。行先は平泉・仙台で一泊二日の旅だ。

朝八時一五分、小学校前を大型バスで出発、引率の先生は三人の女性教師たちだ。十文字インターから高速に乗り花巻空港インターでおり最初は宮沢賢治記念館の見学だ。そこから平泉・中尊寺を見て、昼食をとる。さらに仙台まで南下し、「仙台うみの杜水族館」でイルカとアシカのショーを見て、夜はプロ野球観戦、というスケジュールだ。

私は自分の車で平泉に直行し、そこで児童たちと合流した。

秋田市から岩手県の平泉までは遠そうに思えるが、秋田道—東北道と高速道路を使えば二時間で着いてしまう。東成瀬村からも十文字インターが近くにあるから、秋田市に行くのと変わらない時間で着く。岩手県はお隣なのだ。

平泉で児童たち十九名を先生が紹介してくれた。児童の割合は男子が十三名で女子が六名、圧倒的に女子が少ない。その女子の一人が、

「賢治記念館は鉱石がきれいだったけど、朝六時に起こされて、まだ眠い」

と正直な感想を述べてくれた。

足早に中尊寺金色堂を見て、敷地内にあるレストハウスで昼食。レストランのマネージャーが「ハンバーグ定食ですが、ご飯はお代わり自由です」と告げると、児童たちから歓声が上がった。

「ハンバーグのお代わりはダメですよ。味噌汁にはおモチが入っています。秋田県のようにお米が豊かでないので、ゴメンなさいね」

マネージャーはそう付け加えた。

米どころ秋田に比べて岩手はヤマセがあり米が思うようにとれなかった歴史がある。くず米といわれる破砕米でモチやせんべいを作って食べざるを得なかった岩手県の稲作の歴史を子供たちは知る由もない。児童にとって米よりモチのほうがお菓子感覚でありがたい。

マネージャーの言葉はそうした解説がないと意味が分からないかもしれない。

平泉の栄華を解説するガイド嬢も同じ。平泉王国の骨格をつくった秋田県南部の豪族・清原氏には一言も触れなかった。

清原氏の居城は東成瀬村の隣の増田にあり、朝廷から請われて安倍氏征伐に向かった軍団は、手倉越えをして参戦した。そのあたりを補足してくれれば、村の子供たちの平泉への興味は倍増する。

平泉から仙台の水族館へ向かった。

私は仙台のホテルにチェックインした。

そこから夜の野球観戦のためにコボスタジアムに移動した。楽天対オリックスの試合だ。六時試合開始だが、児童たちが入場したのは六時半近く。夕食に時間がとられたという。

球場は二万人を超す観客で超満員だ。

席に着くなり子供たちは周りの雰囲気にすぐに融け込んで楽天を応援し始めた。

三塁側内野席だが、場所はほとんどレフトの守備位置が真正面にある。上のスタンドは私設応援団席で、ただならぬうるささだ。

試合は逆転に次ぐ逆転で観客はヒートアップ、児童たちもつられて初めてみるプロ野球にコーフンしている。

女子児童の一人から「応援グッズを買ってほしい」とリクエストされる。小さなバット型のプラスチック・グッズ（七〇〇円）が欲しかったようだ。

試合が中盤に差し掛かったころ、通路を隔てて隣に座っていた男子生徒が席を立った。おしっこに立ったのだが、その時、さりげなく尻ポケットから財布を出し自分の席に置いた。

ここは自分の席である、ということを示すサインのつもりだ。

あまりに自然でさりげない行為だったため私にはなす術はなかった。

数分後、隣の生徒が財布に気づき先生に報告、あわてて先生は財布を回収した。

トイレから帰った生徒に「財布置いてったの?」と訊くと「はい」と屈託のない返事。何か問題があるの、と逆に怪訝な顔をされた。

財布には六千円以上のお金が入っていたそうだ。この子たちには「盗まれる」という不安はみじんもないらしい。

公衆の面前で財布を置いていく子供の純朴さや田舎特有の性善説に驚いたわけではない。村では子供が日常生活で買い物をしたり、現金を使う機会はほとんどない。

コンビニは一軒あるが、村の入り口にあり、歩いていける距離ではない。自販機も役場前に一台あるだけで、買い食いや小遣いを使う場所はない。

現金不要の空間に住んでいるのだ。同級生たちは「常に同窓生」であり、家族以上に毎日顔を合わせている。一クラス十九人の児童しかいないから、自動的にこの十九人が小・中九年間を共にすることになる。クラス替えなんてしゃれたものはない。気心の知れた家族のような同級生、持ちなれない財布、お祭り騒ぎと人混みで興奮の極致だったのだろう。

あんなところに財布を置いていくのはよくない、ということを理解するには、少し時間がかかるかもしれない。

試合は終盤に差し掛かっても逆転に次ぐ逆転で球場は燃え盛っていたが、子供たちは明日の日程もあるのでひとまず宿舎に帰ることになった。

帰り際、応援グッズを頼んだ児童が私の横に来て、「おかげで盛り上がることができました。

ありがとうございます」と丁寧に頭を下げた。実に礼儀正しい。

二日目は仙台市科学館へ。昨夜は、女子が六人部屋で男子は四人部屋。大騒ぎして先生に叱られたらしい。男の子たちはほとんど寝ていないという。

誰に聞いても宿の部屋での夜中のおしゃべりが最高に楽しかったそうだ。

科学館見学を終えて青葉城址で散策と買い物、昼は八木山ベニーランドで遊んで、東成瀬村に帰ってきた。


ちなみに村の中学校の修学旅行は沖縄三泊四日で、車中泊はない。

中学三年生は総勢二十一人で、小学生より四カ月前の五月に終わっている。

学校からバスで仙台空港まで出て、そこから那覇まではひとっとび。那覇空港から首里城公園を見学し、嘉手内基地を見て、一日目は恩納村泊。

二日目はミッションビーチでシュノーケリング体験。午後からは海洋博記念公園の見学があり、この日も恩納村泊。三日目は万座毛ビーチを散策した後、「むら咲むら」でエイサー体験や選択別体験をし、午後からは班ごとに自主研修の時間だ。宿泊は那覇市内のホテルだ。

最終日は摩文仁の丘で平和学習（千秋の塔献花式）をし、ひめゆりの塔・資料館の見学で、すべての日程が終了となる。

中学の修学旅行には同行できなかったが、数年前に中学生だった若者たちに話を聞いた。

「東成瀬村だからみんな海が好きかというとそんなことはない。選択的体験で海よりも民俗資料館を選ぶ生徒たちもいるんだよ」

というのが意外だった。

漫画家・矢口高雄に中学時代の修学旅行を描いた作品がある（『蛍雪時代』）。

昭和三十年代前後の中学の修学旅行は仙台・松島が定番で、矢口さんの時に東京も加わるようになったという。

東成瀬村の隣にある西成瀬村では、親の仕事を手伝うため長期欠席する子供たちがいた。この子たちも修学旅行には一緒に行きたい、と生徒会長である矢口少年は立ち上がる。河原の石を工事現場まで運ぶアルバイトをして、行けない子供たちの旅行費用を稼ぐのだ。

この時代、中学を出るとほとんどの子供は就職する。だから修学旅行だけがみんな揃ってできる最後のイベントなのだ。

これだけはどうしても全員参加にしたい。その思いは見事に結実した。宿泊費を節約するために全員が五合のコメを持参し、余ったコメは教師が夜の繁華街で売り歩いた、というから昭和の時代背景を感じさせる。

帰ってきてからの修学旅行の想い出文集は、ほぼ全員が、旅行前の「石運び」をあげていたという。

一〇二人の学習発表会

修学旅行の引率をした先生に、「今度、授業を見せていただけませんか？」と訊くと、「十月中旬の学習発表会までは忙しくて、とても時間が取れないので、無理ですね」とあっさり断られてしまった。

東成瀬小学校にとって秋の学習発表会は、学校の年間行事のなかでもトップクラスの大きなイベントだそうだ。

その発表会に向けて児童たちは半年以上、アイデアを出し合い、それを運営委員会がまとめ、練習を繰り返す。いわば子供たちの一年間の成長を表現する、年に一度の「晴れ舞台」という位置づけのようだ。

十月十四日、朝から曇り空が心配だったが、学習発表会のはじまる九時前には秋晴れの青空が村をおおいだした。

土曜日なので小学校に隣接した村営体育館駐車場には続々と親御さんや祖父母たちが車で駆けつけてくる。

道路脇には児童たちの手で植えられたキバナコスモスのオレンジ色の花が咲き誇り秋風に

ゆれていた。

学習発表会に限らず、村の子供たちのイベントには、その児童数を上回る大人たちの参加があるのが村の自慢だ。三世代家族が多いからだ。今日も全校児童一〇二名の東成瀬小学校の体育館は、児童数以上の父兄たちの姿で埋まっていた。

修学旅行でお世話になった先生たちに挨拶をして会場に入ると、イタン先生とばったり。今日は児童たちの舞台裏を支える裏方だそうだ。

「机を運んだり、舞台の衣裳をそろえたり、けっこう大変ですよ」

いつもの笑顔で忙しく動き回っていた。グレーのパーカーにジーンズ姿のこの外国人を注目したり、特別視したり、話しかける村人はいない。

イタンはそこにいて当たり前の村の空気のような存在なのだ。

村にとけ込んだ忍者のようにも見える。

うやうやしく黒い礼服を着た一団もいた。村の教育関係者や村会議員の方々だ。

貴賓席も用意されていて、なぜか私もその席に案内された。

お隣は鶴飼教育長だ。佐々木村長や冨田議長の姿も見える。

「昨日は佐賀県有田町の議員さんたちが村の教育視察に来て案内してました」

鶴飼教育長は相変わらず忙しそうだ。

体育館の後方にはビデオを撮る父兄たちが三脚を立てて三〇組ほど、まるで芸能人の記者会見のような雰囲気だ。

オープニングは「仙人だいこ」の勇壮な響きで始まった。

大太鼓を従えるリーダーは谷藤翔太くん。去年の民謡全国大会小学生の部のグランプリ受賞者だ。今日は歌ではなく太鼓で華やかに景気をつけた。

学習発表会をスタートするこの演出もなかなかのものだ。

太鼓の演奏が終わると児童による「はじめのあいさつ」。

これも堅苦しいものではなく、「ここに宇宙人の方、いたら手を挙げてください」と会場の父兄へいきなり笑いのパンチをかまし、数秒で客の心をつかんでしまった。

挨拶が終わると五年生と六年生の十人の有志による金管演奏がはじまった。オーボエ、トランペット、トロンボーン、チューバで「美女と野獣」「ふるさと」を見事に演奏。

次は二年生九名（しかいない）全員の、小道具をたくさん使った「ミリーのすてきなぼうし」というお芝居だ。

小学四年生の舞台は「三びきの子ぶた？」。筋書きのある演劇なのだが、プログラムには「表現」と演目が記されている。点字や手話を使い、障害を持った人たちへの理解を求めるメッセージを込めた「私たちの主張」風のお芝居だ。

なるほどこれは演劇でもないし「私の主張」でもない。「表現」というジャンルが正鵠を射ている。

四年生は全部で十三名だ。お隣の教育長は、「なかなか社会性のあるテーマを持ってきましたねえ」。「うんうん、よく大人を見てますよね」と来賓の人たちも感心しきり。

演ずるテーマは子供たちがディスカッションして演題はすべて自分たちで決めたものだ。

ここで前半部は終了。校長先生のあいさつ。来賓席にいる村長や教育長といった人のあいさつはない。

「私たちは見学者ですから出番はありません。あくまで児童たち主役の会なんですから」

大人たちの出る幕はない学習発表会というのも、なんだかいい。

となると来賓席の礼装は、あくまで児童たちへの敬意からのようだ。

後半は一年生の劇「おおきなかぶ?」からスタート。作・演出とも児童たちだ。

あの「友信じっちゃ」の課外授業で仲良くなった十八名の児童たちが舞台の上で躍動する。なかなか抜けないカブをめぐっての物語だが、最後に抜けた大きなカブが村の名産品「平良カブ」(村の人はディラカブと発音する)だったというオチで終わる。

村の小学生には代々伝えられてきた定番の物語だ。

平良カブは村の平良地区でしかできない特産農産物だ。村でもっとも南向きの日当たりのいい雪の少ない場所(平良地区)でしかうまくできない。他の地域に種を持っていっても同じものができないのは土や日当たり具合が違うためだといわれている。

五年生十一名は「歌・合奏」で「今始まる新しい今を　ありがとう」。

三年生は最も児童数が多くて三十一名もいる。その全員が舞台に上がり「ザ・祭」をテーマにおみこしまで登場させて迫力ある「表現」を披露した。

トリは六年生。修学旅行で顔なじみになったメンバー十九名が村議会議員になって劇「ぼくらの未来がよりよくあるために――東成瀬村子ども議会――」を演じた。

子供議員たちは「村に高速道路がほしい」「村にショッピング・モールを誘致する」「高層マンションを建てる」といったバラ色の提案をする。

それぞれの提案について検証がなされ、「道路で自然が破壊される」「競合が激しくなり他地域に客が流れる」「二十五年後には人口減でマンションはお化け屋敷になる」といった批判的意見が多勢を占め、提案は却下される。

社会風刺の濃いドラマに来賓席からは失笑が漏れた。

六年生ともなると問題意識のレヴェルが違うのだ。

六年生の劇が合わると舞台に全校生徒一〇二名が勢ぞろいした。

「ふるさとの歌―悠久の風にのせて―」の合唱・群読。そして児童による観客への感謝のあいさつがあり、学習発表会は昼前に終わった。

来賓席の大人の出番はまったくなかった。教師たちも舞台裏から誰も顔を見せなかった。すべて児童たちの徹底的な自主性に任されているのだ。

一〇二人の半年近い奮闘がこの日に凝縮されていた。プロの演奏会やパフォーマンスでさえ途中であくびのひとつも出るのに、この学習発表会は三時間、まったく飽きることがなかった。

子供たちの一所懸命さと、それを温かい目で見守る教師や肉親の人たちの「ゆるやかな空気」が会場には充満していた。

自分の子供の出番が終わっても帰らない人たちからも、それは感じられた。

「少人数だからできるんです。コミュニティが小さなことの利点ですよ」

と鶴飼教育長は言う。

「私が言うのもヘンですが、子供たちの問題意識は年々進歩しています。今年は去年より面白かったし、毎年のように面白くなっています」

今年の学習発表会のテーマは「一〇二人の笑顔がひとつになるまで――最後まで感動をとどけよう――」。感動をとどける相手は自分を育ててくれた親や祖父母だ。その大方が目の前にいる。

「この子供たちがいるから、いまも各集落のお祭りが途絶えずに続いている。祭りにはみんな必ず参加してくれるから、もう宝物です」

興奮冷めやらぬ来賓席から、そんな声が聞こえてきた。

射撃は村のスポーツ

民家のある最後の集落は大柳地区だ。

ここから南に人家は少ない。その境界線が成瀬川にかかる赤い鉄橋だ。

この赤い橋を渡る手前で右に折れ山道に入ると、左手に大柳キャンプ場がある。

この管理棟の真向かいをさらに登っていくと「ライフル射撃場」がある。

十一月十九日、今日は村民スポーツ大会だ。

あいにくの小雨模様だが、山々の紅葉は見事に色づいている。寒くも温かくもないコンディションだが、天候が射撃大会にどう影響するのか、素人の私にはよくわからない。

射撃大会といっても空を飛ぶ皿を打ち落とすクレー射撃ではない。

巨大なコンクリート小屋の中から二百メートル先にある一メートル四方ほどの的を撃って点数を競うものだ。的の紙には円が描かれ真ん中が一〇点、以後九、八、七と中心から外れるにしたがって点数が低くなる。十発撃って、その総合点を競う。

「昔は百メートル競技もあったけど、今は二百メートル一本」

というのは村猟友会会長。あくまで現実的なクマ撃ちを想定した射撃大会である。

しかし、村民スポーツ大会の競技種目に「ライフル射撃」という種目が入っているというのも珍しい。

朝九時、競技はスタート。といっても参加者は五、六人しかいない。

午前中いっぱいかけて競技者は自分の好きな時間に射撃場に来て、撃ち終わるとさっさと帰ってしまう。

東成瀬村猟友会員は現在二十二名。そのうち今日の参加者は半分ほどの十名で、見物人も参加者の息子さんが一人いるだけだ。

参加者は猟友会の会員でもちろん全員が知り合いだ。

そのためか競技会とはいうものの大会にはまるで緊張感や切迫感がない。

「山でクマと勝負する時が本物で、これはまあトレーニングよ」

とうそぶく老人もいた。とは言いながら殺傷能力のある凶器を使った競技である。

ときおり山間に響き渡るバーンという銃声に、自然と身は引き締まる。

それにしても「三百メートル」という距離は、管理小屋から眺めていると、とてつもなく遠くに感じる。こんな遠い距離から、あんな小さな的に本当に弾が命中するのだろうか、見ているほうが不安になる。

ライフルの弾は一発四百円。一〇発で四千円もかかるが、これは自己負担だ。

「けっこう金がかかるんだよ、鉄砲ぶちは」と老人は嘆く。

同じ的が横に三カ所並ぶ。三人が撃ち終わると審判員が軽トラで的の紙を回収しにいく。管理小屋ですぐに採点が行われ、名簿に点数が書き込まれる。真ん中の円にすべて弾が当たれば一〇〇点だ。四〇点から五〇点台の人がほとんどだが、最後に撃った「優勝候補」のTさんが予想通り七五点で一位になった。二位が六〇点台だから圧倒的な勝利だ。

Tさんはまだ四十代で、小学生の見物人は息子さんだった。

的の真ん中を射抜いた一〇点が一発、それ以外にも七、八点台にほとんどの弾が命中していた。それでも老マタギたちは若者には手厳しい。

「奴は腕はいいが、実際のクマ撃ちでは、〈撃ってもいいが〉って俺たちに訊いてくるんだよ。まったく、どうしょうもない」

鉄砲の腕前とクマ撃ちは別物で、射程にとらえても怖くて撃てない若い鉄砲撃ちもいるのだそうだ。

休憩所も兼ねる管理棟では出番を待つ撃ち手たちは「狩り」の話に夢中だ。

十一月一日からはカモやシカ、イノシシなどの狩猟が解禁になる。

この射撃大会を合図に彼らの季節が幕を開けるのだ。東成瀬村猟友会の本格的な活動が始まった。

東成瀬村の猟友会の一部は冬季の狩猟シーズンになると山を越え太平洋側の三陸方面まで狩猟遠征する。

この射撃大会の二日前、今冬のクマ猟が解禁になった。

いつもなら自然保護的な観点から県は猟友会に「狩猟自粛」を求める。捕殺が推定生息数の一割を上回った場合、生態系を守るために県猟友会にクマ猟の自粛を要請するのが常だった。

しかし今年（二〇一七）は捕殺数が九月末時点で過去最多の五三三頭を数えた。今も連日のように目撃情報が寄せられている。そこで「捕獲上限を五八頭」とし、あえて捕獲自粛を求めなかったのだ。異例のことである。

県のクマ猟解禁発表の前日、兵庫県の自然保護団体・日本熊森協会から、クマの有害駆除をやめ、冬場のクマ猟も中止するよう求める要望書が佐竹敬久秋田県知事あてに提出された。しかし県では、実際の推定生息数よりもクマの数はかなり多い可能性があることから、猟の自粛は求めないことに決めた。

東成瀬村のライフル射撃場は一九九八（平成十）年に完成した。

管理棟ができたのは二〇〇二（平成十四）年で、もともとは建設会社の工事用のプレハブ小屋があった場所を譲りうけて新築したものだ。

村には昔から狩猟文化が途絶えずに生きている。

冬場のたんぱく源であるウサギ鍋を食べる食文化が今も暮らしの中に生き残っているのもその理由の一つだ。

そのため二十名をこす狩猟免許取得者が、時代の風に左右されることなく村には常にいる。スポーツではなく生活の一部として狩猟が存在しているのだ。

狩猟のプロであるマタギはもういない。

秋田県の有害駆除を担う県猟友会員は年々減少傾向にある。

秋田魁新報の記事などを要約すると次のようになる。

一九七五年の会員数約八千人をピークに減り続け、現在は約千五百人ほどだ。

高齢化も進み六十歳以上が七割を占める。

ここ数年で激増したクマ被害や目撃情報で出動依頼が増えても、会員からは体力的に厳しいことと、人手不足の声が上がっている。

こうした状況に県では狩猟免許取得者を増やすため、二〇一三年から狩猟免許試験日を土・日に変更。一四年度からは狩猟の魅力を伝えるフォーラムを開催している。

一七年度からは免許取得費用の援助や銃購入費用の補助などにも取り組み始めている。

ちなみに狩猟免許は使用する銃などに応じて三種類あり、免許取得試験は年に四回ある。

県内ではこれまでまったく存在しないとされていたニホンジカやイノシシの目撃例も増えていて、農家は自分の農地を自分の手で守らなければならない時代に入った。

狩猟免許取得者の減少は深刻な問題なのだ。

秋田県猟友会の会員は一七年三月時点で一五一九人。最も多かったのが七五年の七八九一人だから八割近い減少である。そのうち七割は六十代以上で高齢化が進んでおり、クマの有害駆除を担う人材の育成が喫緊の課題になっている。

さらに射撃の基礎訓練施設の整備も急がれている。一八年度は県立総合射撃場（由利本荘市岩城）を改修して新たな狩猟免許取得者に散弾銃などの扱いに慣れてもらう試みも始まっている。

一九九五年に開設された県立総合射撃場は、地元で散弾に含まれる鉛による土壌汚染への懸念が強まり、〇七年の「わかすぎ国体」を最後にクレー射撃場を閉鎖している。

今回はそこを改修して活用する計画だ。

射撃大会の帰途、村の「なるせ直売所」に寄ると、おしゃれな容器に入った「東成瀬の熊カレー」が千円で売られていた。ラベルには「貴重な熊肉を、贅沢にカレーに使用しました。歯応えのある野生の甘みを一度、お試しください」とあったので、買って帰ることにした。

首都圏なるせ会

十月も中旬になると、あちこちの民家の屋根から白い煙がたなびくようになる。家によってはもう薪ストーブを焚き出す時期だ。十一月に入ると暦の上では立冬とはいうものの、今年の雪は少し遅い。

山里の落葉も終わり、ヤブの見通しがよくなり「ユギノシタ」と呼ばれるエノキダケ採りも盛んだ。民家の樹下の紅色の草の実が鮮やかだ。聞くと薬草になるラン科の植物「ツチアケビ」だそうだ。

遠くに見える山々の頂も白く帽子をかぶっている。

山の初雪はもう終わっている。

十一月十二日、日曜日の午前十一時から、東京で「第二十九回首都圏なるせ会」の通常総会が開かれた。

東京駅を降り、東京メトロ丸の内線に乗り換え大手町へ。そこで東西線に乗り換えて南砂町駅へ。駅でタクシーに乗り、隣りの北砂町まで八一〇円。

会場の江東区砂町文化センターは北砂銀座商店街の横にある。三階建ての大きな建物で一階は図書館、二階は会議室や研修室で、三階が大ホールになっている。

会場ホールに入って驚いた。

バスケットボールのコートが二面ゆうにとれる広さのある体育館だ。そのホールにすでに二百名を超す参加者が集まっていた。

首都圏在住者の他にも村から直接駆け付けた村会議員や職員、裏方で働く人たちを含めると三百名近い人たちが、このホールに集まった。

東成瀬村の現在の人口は約二千六百人だから、その一割にあたる人がここにいる、と思うとなんだか不思議な気分になる。

年齢層はほぼ全員が六十歳以上の感じだが、もし首都圏にいる村出身の若い人も出席するような事態になれば、この首都圏の片隅に、村と同じか、それを上回る人口の「首都圏東成瀬村」が出現することになる。

そう考えると、なんだか複雑な感慨にとらわれてしまった。

村や村出身者にとってもこの日の総会は一大イベントだ。

村会議員の半数が出席していることでもそれはわかる。

この日のために首都圏在住者の理事たちは何度も打ち合わせを重ね、会員名簿を確認しながら、連絡網を整備してきた。

「開会のことば」に続いて、会長挨拶。挨拶は、今年（一七年）九月に放映されたテレビ朝日の「ハナタカ優越館」という番組のことに終始した。

この番組で「東成瀬村」が取り上げられたのだそうだ。「学力日本一」の村で「勉強のハナタカさん」を探す、というのが番組の趣旨で、「ハナタカ」とは「鼻が高い」の意だ。

番組の結論は「将来の夢（目標）を意識して勉強する」ことで「勉強のテーマは自分で決める勉強法」があること。「やらされるのでなく、自分でやっている意識を持つ自学」が中心で、「早寝、早起き、朝ごはん」「真っ白な消しゴムを使う」「一つの授業に先生が三人」「村の留学制度」……といったことが学力の高い理由として揚げられたそうだ。

村の出身者にとっては、まさに「ハナタカ」な番組だったようだ。

会長のあいさつの後は事業報告や収支決算、監査報告があり、来賓のあいさつがあり、祝電披露があり、お昼ちょうどに閉会となった。印象に残ったのは村長のあいさつだ。

「今年は雪が遅れているようです。三四二号のダム工事付近ではすでに交通止めになっています」と切り出し、村のこの一年を振りかえった後、

「少子高齢化などにより村が消えるのではないか、と不安の方も多いようです。私も危機感は持っていますが、希望も持っています。村の人口は一定程度の落ち込みで踏み止まり、そこから安定に向かうと思っています」

ここ数年、出生は十人から十五人で推移し、亡くなる人が三十人前後いる。

将来的に成瀬ダム工事が完了すれば維持管理で多くの人の雇用が見込めるので、そうなれ

ば人口増による地方交付税の増額も期待できる。

「ダム工事によって子供のころから見慣れた風景が変わってしまうことに皆様は一抹の寂しさもあるでしょうが、村が消滅するかどうかの問題の前には、ダムは避けて通れないものです」

総会が終わり、二次会の「もっと、しゃべろうかい」なる懇親会が始まった。

乾杯の音頭はマタギ議長こと冨田義行さんだ。

乾杯の音頭が終わるとテーブルに次々と料理が運ばれ、ビールの詮が抜かれる。

料理はすべて村出身者たちによる手作りだ。村の特産品を使った郷土料理のオンパレードで、メインは納豆汁。「あづきでっち」といわれるもち米と小豆のおはぎ風甘菓子も欠かせない。カスベはエイヒレを甘辛く煮たもので、山菜や川魚の煮つけ、平良カブの漬物も総会では定番だ。

「やっぱり納豆汁がないと、この会は始まらないね」

私の隣に座っていた佐々木桂（かつら）さんが相好を崩した。

桂さんはライターであり詩人でもある。二〇〇二年に上梓した『東成瀬村岩井川字村中二五』（本の森）という詩集には、都会の生活を描いた「父の季節　僕の季節」という詩があった。

ここには　カラオケがあって　ディスコがあって　何もない

オンナがいて　オトコがいて　誰もいない
チキュウがあって　ウチュウがあって　居場所がない

宴たけなわになるとビールから日本酒に切り替わった。酒どころ湯沢の酒が大きなやかんで温められ出てきた。舞台にはプロの民謡歌手が登場し秋田民謡を熱唱する。民謡が終わると席を立ち、テーブルを銚子片手にまわる人たちが多くなった。それと同時に舞台（ステージ）ではカラオケ大会が始まった

トップバッターが突然「若い二人」を熱唱し始めた。

漫画家の高橋よしひろさんだ。高橋さんは岩井川集落の出身で、集団就職で愛知の自動車工場に就職した。その後、漫画家を目指して上京、本宮ひろしに師事して七二（昭和四十七）年に、自然を背景にした動物漫画「銀牙」で一躍人気漫画作家の一員になった。

このあたりからもう無礼講になった。

昼から始まった懇親会は三時まで続き、半分ほどに人数は減った。

ここから何か所に分かれて二次会に出る人、引き続き会場で粘る人と二手に分かれた。

いずれにしても宴はおわりそうにない。お酒を注ぎに来た村長と立ち話した。

少し酔いが回っていたので聞きにくいことを思い切って聞いてみた。

「なぜ、こんな不便な場所で総会を開くんですか」

「この会は村の郷土料理を出すのが前提。村で材料を集め、この場でつくって食べるのが原則。だから料理のできる会場でないとだめなんです」

なるほど、そうだったのか。都内の大ホールでは調理場まで貸してくれる場所はなかなか見つからないのだそうだ。匂いのきつい納豆汁だからなおさらだ。

「でも来年は三〇周年。だから会場は都内一等地の文京区にあるホテル『椿山荘』でやります。すでに料理長にもうちの郷土料理を食べてもらい、調理場を使う許可を得ました」

懇親会の最後は全員がステージに上がり「ふるさと」を合唱し終了した。


翌日、村長以下の村会議員たちは中央省庁への「要望」活動のため、朝早くから夕方まで霞が関を駆け回った。

国政に関係する村の当面の課題について、県選出の国会議員や関係省庁に直接、要望を伝えるのである。国交省、総務省、財務省は言うに及ばず総理官邸にまで出張っている。

官邸には総理の懐刀といわれる菅官房長官がいる。菅は選挙区は神奈川だが、うまれ育ったのは秋田だ。それも東成瀬村と同じ雄勝郡内の出身だ。

なるせ会総会後の中央省庁詣りは、もう定番となった村会議員の活動だ。

以前、ＮＨＫラジオ第一の難聴地域解消のための陳情が認められ、解決したこともある。今では欠かせない行事なのだ。

雪と平良カブ

十一月に入ると平良カブの収穫で農家の一部は大忙しになる。畑から抜き取ったカブを一カ所にまとめ、ふたたび土をかぶせて保存し、そこから漬物にするぶんだけを抜き取っていく。

一本一本ていねいに外皮をのぞき、葉、茎の一部をつけたままで麹漬けにする。平良カブは夏も終わりの八月下旬に種をまく。

昔から作られている青首のひょろ長い十五センチほどの小さな細いカブだ。太さは二センチほどしかない。

おいしいぶん傷みが早いので、ほとんどが麹に漬けて食べる。

それでも賞味期間は短く（二週間ほどで酸っぱくなる）、流通には適さない。村の自給作物として消費されてきたのだが、秋田県の伝統野菜にも認定されているブランド野菜でもある。

昨今のグルメブームもあり、平良カブを求める人は村内外で後を絶たない。

パリパリシャキシャキした風味のいい食感がたまらない。辛みと鮮烈な香りが病みつきになる。

豆類と同じように肥料も農薬もなしで出来るし、種まきから六十五日ほどで収穫できる。

しかし、どんなに評判になっても量産ができない。

しかも平良地区でしか作れないうえに地区の農家の決まりで種を一切外に出さない。たとえ種が流出しても他の土地では土が合わず、違う味のカブになってしまう。平良地区の土や日当たりが、種と絶妙なマッチングをしているとしか考えられない作物である。

もともと平良カブは焼き畑で作られてきた。焼き畑は山間地農家では普通の農法だったが、近年の環境保護の観点から、土壌や周辺の自然にダメージを与えるとの指摘があり、各地で焼き畑の自粛が進んだ。

しかし昭和四十年代まで、貧しい農村では肥料を買うことが経済的に困難だった。そこで斜面の杉林を切り開いた後などに火入れをして灰をつくり、それを肥料にして栽培した。火入れをすると土中の菌や害虫が死ぬ。カブを連作すると根にこぶができる病気になるが、焼き畑はそうした病害も防げる効果があった。

村では焼き畑を復活させて、平良カブを村の特産品にする活動が昨年あたりから本格的に動き出した。特産品にするためには長く保存がきく商品にしなければならない。

そこで麹漬けだけではなく収穫した平良カブを小屋でいぶして「いぶりカブ」にする試みが試験的に行われている。

その平良カブの漬物を求めて、村内をさまよってみたが、どこでも買えなかった。

今年は雪が早く、畑斜面のカブが雪に埋まったため、収穫量が少なかったそうだ。

平良カブの収穫が終わると、村には冬がやってくる。

燃料用のマキを小屋に入れ、住宅や植木などの冬囲いをする。

越冬にむけた作業風景が各集落で見かけられるようになる。

冬の豪雪から住宅を守るため、冬囲いは特に用意周到にやる。

一階の窓は板戸で覆い、外にさらされていた越冬用の白菜やダイコンは屋内に運びこむ。

ダイコンの皮をむきヒモを通して屋外につるし凍らせて「凍み大根」作りも始まった。凍み大根はスポンジのように水分がなくなり独特の甘みが加わる。

二〇一七年十一月中旬、里山の中腹あたりまで積雪線が降りてきた。

里に雪が来るのは時間の問題だ。

十一月二十日、人里に三〇センチを超える雪が降った。

役場近くにある「お仙人様のイチョウの木」と呼ばれる巨木のそばに、仙人様をまつる祠がある。ここのイチョウの葉っぱが全部落ちれば根雪、と村の人たちは言う。

この日の雪が根雪になった。

同じ日、村で収穫祭もあった。村の稲作のほとんどは四つのファーム（農業法人）が請け負っている。その農業法人の収穫祭である。今年の収穫は天候不順のため激減、「とてもお祭りするほど喜べない」というのがファームの人たちの本音のようだ。

「今年の雪は平年並み」という大方の予想だった。

ところが十二月に入ると雪は本格的に降り続いた。

十二月も中旬を過ぎるころには、屋根の雪下ろしをする光景がいたるところで見られるようになった。年内の雪下ろしは想定外だったようだ。

そして十二月二十八日、村に雪害警戒部が設置された。

大晦日と元旦は朝から穏やかな日が続き、除雪もお休みだったが、三日から雪、雪、雪。

村は白一色に沈んだ。

二〇一八年の一月中はほとんど毎日が雪だった。

集落によっては三メートルを超す積雪地域も出はじめた。

二月十二日、村は「豪雪対策本部」の設置を決める。

二〇一四（平成二十六）年以来、四年ぶりの対策本部設置だ。


「ハタハタ不漁」のニュースも村の話題だった。

秋田県民にとってハタハタは食卓になくてはならない魚だ。

それは山間の東成瀬でも同じだ。ハタハタのない正月は考えられない。村の魚屋さんは大量に仕入れたハタハタを移動販売車で配達する。

それがお正月の恒例行事なのだが、そのハタハタが獲れない異常事態が続いている。

季節ハタハタ漁（沿岸漁）は十二月四日に始まり一月十五日で終了する。

今年の漁獲量は二四三トンで前年比一五〇トン減だ。漁獲枠が四三〇トンだから半減である。

過去五年間の同時期の平均七一二トンを大幅に下回り、卸値もメスが一キロ一八〇〇円前後、オスが千円前後と前年より二割高だ。

沖合漁は冬場に限定されることのない長期漁だが、こちらも前年比一六五トン減の二三七トンにとどまっている。

一七年十二月末現在、沿岸、沖合を合わせた漁獲量は四八〇トン、前年同期を二五〇トン下回ったから、県民にとっては深刻な問題だ。

一九九〇年代早々に資源保護のために実施された三年間の禁漁が頭をよぎる。

同じ回遊群である青森県や山形県も同じく漁獲量を大幅に減らしている
回遊群全体の個体数が減っている可能性が大きいのだが、ここ数年は安定した漁獲量を確保していただけに予期せぬ事態なのだ。

また期限を区切った「禁漁」措置が必要な時期に来ているのだろうか。

村全体がすっぽりと雪に覆われた。

いまも村の冬の暮らしには長い生活の知恵と工夫が随所に脈打っている。

雪に閉じ込められた村の食卓には、春から秋までにたくわえていた山菜やキノコが次々と登場する。

おでんの種にはサグ（エゾニュウの仲間）やウド、フキ。納豆汁にはサワモダシ（ナラタケ）とワラビだ。色鮮やかな緑のアエコ（ミヤマイラクサ）も花を添え、ゼンマイは一本煮や味噌汁の具になる。タケノコ、マイタケ、コナラ（シモフリシメジ）、ハタケシメジ、シシタケ、ホンシメジ、エノキタケといったキノコ類は瓶詰めで保存され、毎日のように冬の食卓に並ぶ。

裏庭に池を持っている家も少なくない。鯉を飼っておくためのものだ。

鯉は冬の間の貴重なたんぱく源で、ウサギ同様、昔はよく食された。

冬に備えてどこの家でも半年分の野菜と一年分のお米を蓄えている。

味噌は約二年分、飲料水も湧水源の上水道はもちろん、自家用の湧水を引いた水道や、田んぼの近くを流れる清冽な沢水も有事には十分飲料水として通用する。

都市部で甚大な災害が起きた時、東成瀬村に逃げ込めば、たぶん補給がすべて断たれても、しばらくは生活に困ることはない。

自然災害が日常であった時代を生き抜いてきた、村の先人たちの知恵と工夫が、今も暮らしの中に息づいている。

参考資料一覧（順不同）

「さわやかなるせ　東成瀬村制施行100周年記念誌」村発行（1990）
「東成瀬村郷土誌」編集委員会編・教育委員会発行（1991）
「増田町史」教育委員会編・増田町（1997）
「増田町郷土史」編纂委員会編・教育委員会発行（1972）
「蛍雪時代」矢口高雄・講談社（1992）
「一山里歳時記（春・夏・秋・冬）」冨田義行・秋田ほんこの会（1995）
「大学は出たけれど」SHV・松竹ホームビデオ
「秋田の村に、移住しました。」杉山彰・無明舎出版（2015）
「湯沢の生んだ名僧了翁さま」無明舎出版・湯沢市発行（1994）
「『勉強好き！』になる秋田県式『家庭学習ノート』」矢ノ浦勝之・小学館（2015）
「秋田県式「当たり前」の教師の育て方」矢ノ浦勝之・小学館（2010）
「安倍五郎兵衛天明三年伊勢詣道中記」増田町文化財協会（1998）
「秋田県町村合併誌」秋田県町村会編（1960）
「秋田キリシタン小史」斎藤實則・秋田ほんこの会（1999）
「おもしろ秋田むかし考」冨樫泰時・無明舎出版（1990）
「仙台領の街道」高倉淳・無明舎出版（2006）
「標準語の村」北条常久・無明舎出版（2006）
「菅江真澄遊覧記」内田武志・宮本常一編・平凡社（1967）
「軌跡　増田高校八十年史」記念誌編集委員会・秋田県立増田高校（2005）

「灯人　東成瀬分校の歩み」編集委員会編（１９８４）
「詩集　東成瀬村岩井川字村中25」佐々木桂・本の森（２００２）
「田子内鉱山史と私の鉱山歩記」佐々木友信・私家版（２０００）
「東成瀬の民俗」東洋大学民俗研究会・東洋大学（１９６６）
「死者の花嫁」佐藤弘・幻戯書房（２０１５）
「旅の道草」安倍五郎兵衛・藤原弘編（「秋田俳書体系・近世中期編所収」）
「あきた昭和史年表」無明舎出版編・無明舎出版（２０１２）
「東成瀬の教育」東成瀬村教育委員会（２０１７）
「週刊女性セブン」２０１６・８・11号・小学館
「上掵遺跡内容確認調査概報」東成瀬村教育委員会

＊その他にも、「広報ひがしなるせ」、東成瀬村公式ＨＰ「天地人」、その他、各市町村公式ＨＰ、秋田魁新報社などの記事を参考にさせていただきました。

あとがき

二〇一七年春から二〇一八年夏の直前まで、秋田県東成瀬村を一年間、気の向くまま歩いた記録が本書である。

書名から誤解を招く恐れもあるが、「教育」に関する本ではない。

子供たちの学力の高さを村に探すルポでもない。

書名に「学力日本一」とカギカッコをつけたのは、「日本一の典拠は」と問われると答えに窮するからで、あらかじめ予防線を張ったつもり……である。

私が生まれたのは、東成瀬村と同じ行政圏に属する湯沢市だ。

父親が建設会社に勤めていて、その会社の支社が東成瀬村にあった。

その支社に出張するときは交通の便が悪いため、父はかならず泊りになった。

小さな子供にとって、父親の不在は寂しく、不安と怖さの記憶とともに、東成瀬村の名前は暗いイメージとなって刻みこまれた。

長じて五〇歳を越えるころから山登りを始めた。栗駒山、焼石岳、仙北街道と、毎年のように東成瀬村を経由して、それらの山々に向かうことになった。

そんな山行の縁もあり、村内の何人かの人たちと親しく付き合うようになった。

そこで東成瀬村の暗いイメージは払拭された。逆にすっかり村の魅力のとりこになった。

ここ数年、村が話題になるのは、もっぱら全国学力テストの成績によるものだ。

そのことにも興味はあったが、教育問題に専門的に踏み込めるほど、自分に力量がそなわっている自信はない。気心の知れた友人や、村の自然に寄りそって暮らす「フツーの人たち」に魅かれて通い続け。おりおりに心の隅に引っかかった事象を書き留めた。しかし、やはり「教育」はこの村を語る上で、欠かせない大きな要素であることも実感した。

まとまりのないルポになったのは、そうした揺れ動く心模様が正直に出てしまったからかもしれない。

この一年間の取材を通し、東成瀬村教育委員会の鶴飼孝さん、村議会議長の冨田義行さん、埼玉から移住した杉山彰さんの三方には、ひとかたならぬお世話になった。

ここに記して感謝したい。

二〇一八年夏　著者

あんばい こう 略歴

本名 安倍 甲（あべ・はじめ）。
1949年秋田県湯沢市生まれ。
県立湯沢高校卒業後、
秋田大学を中退し、現在は出版業。

主な著書に、
『力いっぱい地方出版』（晶文社）
『頭上は海の村』（現代書館）
『田んぼの隣で本づくり』（日本エディタースクール出版部）
『食文化あきた考』（無明舍出版）
『ババヘラの研究』（無明舍出版）

「学力日本一」の村―秋田・東成瀬村の一年
定価〔本体一七〇〇円＋税〕

二〇一八年七月三十日　初版発行

著　者　あんばい　こう
発行者　安倍　甲
発行所　㈲無明舍出版
秋田市広面字川崎一一二―一
電　話／（〇一八）八三二―五六八〇
FAX／（〇一八）八三二―五一三七
製　版　㈲三浦印刷
印刷・製本　㈱シナノ

ISBN 978-4-89544-648-8